TOUT-EN-UN POUR APPRENDRE L'ALLEMAND

En 30 Jours avec Grammaire, Vocabulaire, Exercices, Histoires, Dialogues quotidiens et Audios !

Bilingual in Pocket

TOUT-EN-UN POUR
APPRENDRE L'ALLEMAND

En 30 Jours avec Grammaire, Vocabulaire,

Exercices, Histoires, Dialogues quotidiens et Audios !

Édition : BoD · Books on Demand, 31 avenue Saint-Rémy,

57600 Forbach, bod@bod.fr

Impression : Libri Plureos GmbH, Friedensallee 273,

22763 Hamburg (Allemagne)

ISBN : 978-2-3225-5393-8

Dépôt légal : Mars 2025

Sommaire

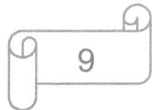

Bonus offert gratuitement : les audios des 10 histoires

Boostez votre prononciation et votre compréhension grâce aux enregistrements des histoires du livre. Scannez le code QR ci-dessous pour télécharger la version allemande des 10 (dix) histoires :

https://bilingualinpocket.com/

Bonne lecture et fructueux apprentissage !

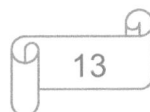

Introduction Générale

Bienvenue dans ce guide complet d'apprentissage de l'allemand, conçu pour vous accompagner pas à pas dans votre découverte et maîtrise de cette langue riche et fascinante. Que vous soyez débutant ou que vous souhaitiez approfondir vos connaissances, ce livre vous offre un parcours structuré, progressif et pratique pour développer vos compétences en allemand.

Pourquoi apprendre l'allemand ?

L'allemand est non seulement la langue la plus parlée en Europe, mais elle est également la langue officielle de pays économiquement influents comme l'Allemagne, l'Autriche, la Suisse et le Luxembourg. C'est une langue clé pour le commerce international, la science, la philosophie, la technologie et l'art. La maîtrise de l'allemand vous ouvrira des portes dans de nombreux domaines professionnels et enrichira vos opportunités culturelles et personnelles.

Structure du livre

Ce livre est organisé en **sept parties distinctes**, chacune couvrant un aspect fondamental de l'apprentissage de l'allemand. Voici un aperçu des contenus :

Partie 1 : Introduction à l'allemand

Dans cette partie, vous découvrirez les bases indispensables pour commencer votre apprentissage. L'alphabet, la prononciation et les premières phrases en allemand y sont détaillés pour vous aider à poser des fondations solides.

Partie 2 : Les bases essentielles de la grammaire allemande

La grammaire allemande peut sembler intimidante, mais cette section la décompose en chapitres clairs et accessibles. Vous apprendrez à comprendre et utiliser les cas, les articles, les adjectifs, ainsi que les verbes et leurs conjugaisons. Chaque chapitre est accompagné d'exemples et d'exercices pour consolider vos connaissances.

Partie 3 : Prononciation et phonétique allemande

La prononciation correcte est essentielle pour être compris et s'exprimer avec confiance. Cette partie aborde les sons spécifiques à l'allemand, tels que les voyelles avec tréma (ä, ö, ü) et les consonnes particulières comme "r" ou "ch". Des exercices pratiques et des astuces vous aideront à perfectionner votre accent.

Partie 4 : Histoires progressives en allemand

Pour rendre l'apprentissage plus interactif, cette section regroupe dix courtes histoires adaptées à différents niveaux. Ces récits amusants et éducatifs, accompagnés de leurs traductions en français, vous aideront à enrichir votre vocabulaire et à développer votre compréhension écrite.

Partie 5 : Dialogues de la vie quotidienne

Cette partie propose dix dialogues couvrant des situations courantes telles que commander dans un café, réserver une chambre à l'hôtel, ou demander des directions. Chaque dialogue est accompagné de sa traduction, de questions de compréhension et de corrections.

Partie 6 : Phrases utiles pour voyager

Idéal pour les voyageurs, cette partie contient 200 phrases essentielles pour vous aider à naviguer dans divers contextes : à l'aéroport, dans les transports, au restaurant, ou en cas d'urgence. Vous y trouverez des expressions pratiques pour rendre votre séjour dans un pays germanophone plus fluide et agréable.

Partie 7 : Expressions courantes dans le monde professionnel

Que vous travailliez dans une entreprise germanophone ou que vous collaboriez avec des partenaires allemands, cette section vous prépare à des interactions efficaces et professionnelles. Avec 200 expressions pour les réunions, les présentations, les négociations et plus encore, vous serez prêt à évoluer dans un environnement professionnel germanophone avec aisance.

Test final : Test d'évaluation globale

Pour terminer, ce livre propose un test complet pour évaluer votre compréhension et vos progrès. Ce test, qui couvre la grammaire, le vocabulaire, la prononciation et les mises en situation, vous permet de mesurer vos acquis et d'identifier les points à approfondir.

Points forts de ce livre

1. **Progressivité** : Les leçons suivent une progression logique, adaptées aux débutants tout en permettant une montée en compétences vers un niveau intermédiaire et avancé.

2. **Pratique et interactif** : Les exercices, histoires et dialogues permettent une application directe des notions et rendent l'apprentissage stimulant.

3. **Bilingue** : Chaque exemple, texte ou dialogue est traduit en français pour une meilleure compréhension.

4. **Multidimensionnel** : Ce livre couvre toutes les compétences nécessaires : lecture, écriture, grammaire, vocabulaire, prononciation et communication orale.

5. **Conçu pour des usages concrets** : Que ce soit pour des besoins professionnels, un voyage ou un intérêt culturel, vous y trouverez les outils pour maîtriser les situations de la vie courante et professionnelle.

Conseils pour tirer le meilleur parti de ce livre

- Prenez le temps de faire les exercices après chaque chapitre. Ils renforcent les notions apprises et ancrent les concepts.

- Lisez les dialogues et histoires à voix haute pour développer votre prononciation et votre confiance à l'oral.

- Révisez régulièrement pour consolider votre apprentissage. L'allemand est une langue qui demande une certaine persévérance, mais avec de la pratique, vous progresserez rapidement.

- N'hésitez pas à compléter ce livre par des échanges avec des locuteurs natifs, des podcasts ou des séries en allemand pour une immersion linguistique.

Ce livre est conçu pour vous guider pas à pas vers la maîtrise de l'allemand, une langue pleine d'opportunités et de découvertes. Préparez-vous à embarquer dans un voyage linguistique enrichissant. Viel Erfolg! (Bonne réussite !)

Partie I : Leçons jour après jour

Bienvenue dans la première partie de ce livre, dédiée à l'exploration des bases de l'allemand. Vous y découvrirez des concepts fondamentaux tels que l'alphabet, la prononciation et les structures simples, qui constitueront une base solide pour votre apprentissage. Ce chapitre est spécialement conçu pour les débutants souhaitant s'initier à cette magnifique langue.

Leçon 1: Les Bases pour Démarrer

Bienvenue dans votre voyage pour apprendre l'allemand en 30 jours ! Cette première leçon pose les fondations indispensables pour entrer dans la langue allemande. Nous allons apprendre à saluer, à utiliser des expressions essentielles et à nous familiariser avec la prononciation. Chaque section est conçue pour être claire et progressive.

1. Introduction à la Prononciation Allemande

Avant de commencer avec le vocabulaire, il est important de saisir les bases de la prononciation de l'allemand. Voici les principales règles à retenir :

Les Sons Typiques :

- **"ch"** : Se prononce comme un "ch" doux, légèrement aspiré (par exemple dans *ich*, je). Pratiquez avec ce mot : *ich liebe dich* (je t'aime).

- **"r"** : Se prononce souvent guttural, roulé légèrement dans la gorge (ex. : *rot*, rouge).

- **"ä, ö, ü"** : Ce sont des voyelles umlaut.

    - *ä* se rapproche du "é" en français (*Mädchen*, fille).

    - *ö* est un "eu" très fermé (*schön*, beau).

    - *ü* est un son nasal, proche du "u" français mais avec les lèvres plus rapprochées (*über*, au-dessus).

Exemple Pratique :

Essayez de prononcer cette phrase : **"Ich heiße Anna."** (Je m'appelle Anna.)

2. Les Salutations de Base en Allemand

L'une des premières étapes pour communiquer est de savoir comment dire bonjour et au revoir. Voici quelques salutations essentielles :

Allemand	Français	Prononciation
Guten Morgen	Bonjour (le matin)	Gouton morn-gueun
Guten Tag	Bonjour (en journée)	Gouton tahk
Guten Abend	Bonsoir	Gouton ah-bent
Gute Nacht	Bonne nuit	Gouteuh nakht
Hallo	Salut/Bonjour (informel)	Ha-lo
Tschüss	Au revoir (informel)	Tchuss
Auf Wiedersehen	Au revoir (formel)	Aoff vidère-zé-en

Astuce Culturelle :

En Allemagne, saluer quelqu'un en entrant dans un magasin ou un café est considéré comme très poli ! Utilisez *Guten Tag* ou *Hallo* selon le contexte.

3. Phrases Essentielles pour un Débutant

Voici quelques phrases simples et utiles pour engager une conversation :

Allemand	Français	Prononciation
Wie heißen Sie?	Comment vous appelez-vous ?	Vi haïssen zi ?
Ich heiße Paul.	Je m'appelle Paul.	Ish haïss-seuh Paul.
Wie geht es Ihnen ?	Comment allez-vous ? (formel)	Vi gate ess inen ?
Wie geht's ?	Ça va ? (informel)	Vi gates ?
Mir geht es gut, danke.	Je vais bien, merci.	Mir gate ess gout, danke.
Bitte.	S'il vous plaît / De rien.	Bitteu
Vielen Dank.	Merci beaucoup.	Filen dank.

4. Exercices Pratiques

Exercice 1 : Traduction

Traduisez ces phrases en français :

1. Guten Morgen.

2. Ich heiße Markus.

3. Wie geht's ?

Exercice 2 : Associez les Salutations

Reliez chaque mot en allemand à sa traduction française :

1. Guten Abend

2. Tschüss

3. Auf Wiedersehen

a. Bonsoir
b. Au revoir (formel)
c. Au revoir (informel)

Exercice 3 : Complétez le Dialogue

Complétez le dialogue en utilisant les mots appris :
A: Hallo ! _____ Sie ?
B: Ich heiße Sophie. Und _____ ?
A: Ich heiße Thomas. Wie _____ ?
B: Mir geht es gut, danke. Und _____ ?

5. Corrections des Exercices

Exercice 1 : Traduction

1. Guten Morgen. → Bonjour (le matin).

2. Ich heiße Markus. → Je m'appelle Markus.

3. Wie geht's ? → Ça va ?

Exercice 2 : Associez les Salutations

1 → a : Guten Abend → Bonsoir.
2 → c : Tschüss → Au revoir (informel).
3 → b : Auf Wiedersehen → Au revoir (formel).

Exercice 3 : Complétez le Dialogue

A: Hallo ! Wie heißen Sie ?
B: Ich heiße Sophie. Und Sie ?
A: Ich heiße Thomas. Wie geht's ?

B: Mir geht es gut, danke. Und Ihnen ?

Leçon 2: L'Alphabet Allemand et les Chiffres

Félicitations pour avoir complété la première leçon ! Aujourd'hui, nous allons explorer l'alphabet allemand et les chiffres. Comprendre et maîtriser l'alphabet est essentiel pour épeler un mot, lire, ou prononcer correctement. Quant aux chiffres, ils sont indispensables pour communiquer des prix, des numéros de téléphone ou des dates.

1. L'Alphabet Allemand

L'alphabet allemand partage beaucoup de similitudes avec l'alphabet français, mais il comprend quelques lettres et prononciations spécifiques.

L'Alphabet Complet et sa Prononciation

Voici les 26 lettres de l'alphabet allemand, suivies de 4 caractères supplémentaires spécifiques :

Lettre	Prononciation allemande	Exemple
A	[a] comme dans "ami"	*Apfel* (pomme)
B	[bé]	*Brot* (pain)
C	[tsé]	*Café* (café)
D	[dé]	*Dorf* (village)
E	[é]	*Eis* (glace)

F	[èf]	Fisch (poisson)
G	[gué] légèrement guttural	Garten (jardin)
H	[ha] aspiré	Haus (maison)
I	[i]	Insel (île)
J	[yott]	Jahr (année)
K	[ka]	Koffer (valise)
L	[èl]	Lampe (lampe)
M	[èm]	Mann (homme)
N	[èn]	Nacht (nuit)
O	[o]	Obst (fruit)
P	[pé]	Park (parc)
Q	[kou]	Quelle (source)
R	[èr] roulé	Rose (rose)
S	[ès]	Sonne (soleil)
T	[té]	Tisch (table)
U	[ou]	Uhr (horloge)
V	[faou] ou [v]	Vogel (oiseau)
W	[vé]	Wasser (eau)
X	[ix]	Xylophon (xylophone)
Y	[ypsilon]	Yoga (yoga)
Z	[tsèt]	Zug (train)

Les Caractères Spécifiques

1. **Ä, Ö, Ü** : Ce sont les voyelles accentuées appelées *Umlaut*. On les a vues dans la première leçon.

2. **ß** : Appelé *Eszett* ou "scharfes S" (S dur). Il se prononce [ss], comme dans *Fuß* (pied).

Pratique :

Essayez de lire ces mots :

- **Äpfel** (pommes)

- **über** (au-dessus)

- **groß** (grand).

2. Les Chiffres en Allemand

Apprenons maintenant à compter en allemand, de 0 à 20. Cela vous permettra de comprendre les nombres de base dans des situations simples, comme donner votre âge ou comprendre un prix.

Chiffre	Allemand	Prononciation
0	Null	[noul]
1	Eins	[aïns]
2	Zwei	[tsvaï]
3	Drei	[draï]
4	Vier	[fir]
5	Fünf	[funf]
6	Sechs	[zèks]
7	Sieben	[zi-ben]
8	Acht	[art]
9	Neun	[noïn]
10	Zehn	[tsèn]
11	Elf	[èlf]
12	Zwölf	[tsvœlf]
13	Dreizehn	[draï-tsèn]
14	Vierzehn	[fir-tsèn]
15	Fünfzehn	[funf-tsèn]
16	Sechzehn	[zèkh-tsèn]
17	Siebzehn	[zib-tsèn]
18	Achtzehn	[art-tsèn]
19	Neunzehn	[noïn-tsèn]
20	Zwanzig	[tsvan-tsik]

Astuce : Retenez les formes uniques des nombres 11 (Elf) et 12 (Zwölf). À partir de 13, les nombres se construisent à partir de la dizaine suivie de « -zehn ».

3. Structure des Nombres Complexes (21 et plus)

En allemand, les nombres sont formés de manière inversée : d'abord l'unité, puis la dizaine. Exemple :

- 21 → *einundzwanzig* (un-et-vingt).

- 35 → *fünfunddreißig* (cinq-et-trente).

4. Exercices Pratiques

Exercice 1 : Épeler un Mot

Épelez ces mots en allemand en utilisant l'alphabet appris :

1. Haus

2. Apfel

3. Wasser

Exercice 2 : Traduisez les Chiffres

Traduisez les chiffres suivants en allemand :

1. 7

2. 14

3. 20

Exercice 3 : Construisez les Nombres

Formez les nombres suivants en allemand :

1. 22

2. 19

3. 34

5. Corrections des Exercices

Exercice 1 : Épeler un Mot

1. Haus → H (ha), A (a), U (ou), S (ès).

2. Apfel → A (a), P (pé), F (èf), E (é), L (èl).

3. Wasser → W (vé), A (a), S (ès), S (ès), E (é), R (èr).

Exercice 2 : Traduisez les Chiffres

1. 7 → Sieben.

2. 14 → Vierzehn.

3. 20 → Zwanzig.

Exercice 3 : Construisez les Nombres

1. 22 → Zweiundzwanzig.

2. 19 → Neunzehn.

3. 34 → Vierunddreißig.

Leçon 3: Former des Phrases Simples avec des Verbes Courants

Bienvenue dans la troisième leçon ! Maintenant que vous maîtrisez les salutations, l'alphabet, et les chiffres, place aux phrases simples. Aujourd'hui, nous allons apprendre à construire des phrases affirmatives de base en utilisant des verbes courants et des sujets. Cette leçon vous permettra de communiquer des idées simples sur vous-même et votre entourage.

1. Structure de Base d'une Phrase en Allemand

En allemand, une phrase affirmative suit généralement cette structure :

Sujets + Verbe (conjugué) + Complément.

Exemple : **Ich lerne Deutsch.** (J'apprends l'allemand.)

- **Ich** = Sujet (je)

- **lerne** = Verbe conjugué (apprendre, à la 1re personne du singulier)

- **Deutsch** = Complément (allemand).

Points Importants :

- Le verbe conjugué en allemand est toujours situé en deuxième position dans une phrase affirmative.

- Si vous ajoutez un adverbe ou un complément de temps au début de la phrase, le verbe reste en deuxième position, et le sujet vient après.
  Exemple : **Heute lerne ich Deutsch.** (*Aujourd'hui, j'apprends l'allemand.*)

2. Les Pronoms Personnels en Allemand

Pour construire des phrases, vous devez connaître les pronoms personnels, utilisés comme sujets. Voici la liste :

Pronoms personnels	Traduction française
Ich	Je
Du	Tu (informel)
Er	Il
Sie	Elle
Es	Ça
Wir	Nous
Ihr	Vous (pluriel informel)
Sie	Vous (formel singulier/pluriel)
Sie	Ils/Elles

3. Les Verbes Courants et Leur Conjugaison

Le Verbe sein (*être*)

Le verbe *sein* (être) est l'un des plus importants en allemand. Mémorisez bien sa conjugaison :

Sujet	Conjugaison	Exemple en Phrase	Traduction
Ich	bin	Ich bin müde.	Je suis fatigué(e).
Du	bist	Du bist mein Freund.	Tu es mon ami.
Er/Sie/Es	ist	Er ist nett.	Il est gentil.
Wir	sind	Wir sind	Nous sommes heureux.

		glückli ch.	
Ihr	seid	Ihr seid in Berlin.	Vous êtes à Berlin.
Sie	sind	Sie sind Lehrer.	Vous (formel) êtes professe ur.

Le Verbe haben (*avoir*)

Le verbe *haben* (avoir) est également fondamental. Voici sa conjugaison :

Sujet	Conjugai son	Exempl e en Phrase	Traduct ion
Ich	habe	Ich habe ein Buch.	J'ai un livre.
Du	hast	Du hast eine Schwes ter.	Tu as une sœur.
Er/Sie/ Es	hat	Sie hat eine Katze.	Elle a un chat.
Wir	haben	Wir haben Zeit.	Nous avons du temps.
Ihr	habt	Ihr habt einen Hund.	Vous avez un chien.
Sie	haben	Sie haben Glück.	Vous (formel) avez de la chance.

4. Construire des Phrases Simples

Avec les verbes *sein* (être) et *haben* (avoir), vous pouvez déjà former des phrases de base :

- **Ich bin Lehrer.** (Je suis professeur.)

- **Du bist müde.** (Tu es fatigué.)

- **Ich habe ein Auto.** (J'ai une voiture.)

- **Wir haben Hunger.** (Nous avons faim.)

5. Compléments Fréquents pour Enrichir Vos Phrases

Voici quelques mots utiles pour compléter vos phrases :

Adjectifs communs :

Allemand	Français
müde	fatigué
glücklich	heureux
traurig	triste
nett	gentil
groß	grand
klein	petit

Compléments de Lieu :

Allemand	Français
zu Hause	à la maison
im Büro	au bureau
in Berlin	à Berlin
in der Schule	à l'école

Expressions de Temps :

Allemand	Français
heute	aujourd'hui
morgen	demain
jetzt	maintenant
immer	toujours

6. Exercices Pratiques

Exercice 1 : Traduction

Traduisez ces phrases en français :

1. Ich bin glücklich.

2. Du hast ein Haus.

3. Sie sind in Berlin.

Exercice 2 : Complétez les Phrases

Complétez ces phrases avec la bonne conjugaison du verbe *sein* ou *haben* :

1. Wir _____ in der Schule.

2. Ich _____ einen Hund.

3. Du _____ sehr nett.

4. Sie _____ eine Schwester.

Exercice 3 : Construisez des Phrases

Formez trois phrases simples en allemand en utilisant :

1. *Ich* et le verbe *haben*.

2. *Wir* et le verbe *sein*.

3. *Er* et un adjectif.

7. Corrections des Exercices

Exercice 1 : Traduction

1. Ich bin glücklich. → Je suis heureux/heureuse.

2. Du hast ein Haus. → Tu as une maison.

3. Sie sind in Berlin. → Ils/elles sont à Berlin, ou Vous (formel) êtes à Berlin.

Exercice 2 : Complétez les Phrases

1. Wir **sind** in der Schule. → Nous sommes à l'école.

2. Ich **habe** einen Hund. → J'ai un chien.

3. Du **bist** sehr nett. → Tu es très gentil.

4. Sie **hat** eine Schwester. → Elle a une sœur.

Exercice 3 : Construisez des Phrases

1. Ich habe ein Buch. → J'ai un livre.

2. Wir sind glücklich. → Nous sommes heureux.

3. Er ist groß. → Il est grand.

Leçon 4: Poser des Questions Simples en Allemand

Après avoir appris à former des phrases affirmatives simples, nous allons maintenant découvrir comment poser des questions en allemand. Poser des questions est essentiel pour engager une conversation, demander des informations ou comprendre votre interlocuteur.

1. Les Questions Oui/Non (Ja/Nein-Fragen)

La façon la plus simple de poser une question en allemand est de transformer une phrase affirmative en une question fermée, qui peut être répondue par « oui » (**ja**) ou « non » (**nein**). Pour cela, vous placez le verbe conjugué en **première position** dans la phrase.

Exemple :

- Phrase affirmative : **Du bist müde.** (Tu es fatigué.)

- Phrase interrogative : **Bist du müde ?** (Es-tu fatigué ?)

Exemple de question	Traduction
Bist du glücklich ?	Es-tu heureux ?
Hast du einen Hund ?	As-tu un chien ?
Sind wir zu spät ?	Sommes-nous en retard ?
Hat sie eine Schwester ?	A-t-elle une sœur ?

Réponses :

- **Ja**, ich bin müde. (Oui, je suis fatigué.)

- **Nein**, ich bin nicht müde. (Non, je ne suis pas fatigué.)

*Astuce : Vous pouvez ajouter le mot **nicht** (ne... pas) après le verbe ou le complément pour rendre la phrase négative.*

2. Les Questions avec Mots Interrogatifs (W-Fragen)

En allemand, les questions ouvertes commencent par des mots interrogatifs spécifiques, appelés **W-Wörter** (*mots en W*). Ces mots permettent de poser des questions plus détaillées, dont la réponse ne peut pas être simplement "oui" ou "non".

Mot Interrogatif	Traduction	Exemple	Traduction
Wer	Qui	Wer ist das ?	Qui est-ce ?
Was	Quoi/que/quel	Was machst du ?	Que fais-tu ?
Wann	Quand	Wann kommst du ?	Quand viens-tu ?
Wo	Où	Wo wohnst du ?	Où habites-tu ?
Warum	Pourquoi	Warum bist du traurig ?	Pourquoi es-tu triste ?

Wie	Comment	Wie heißt du ?	Comment t'appelle s-tu ?
Wieviel/ Wie viele	Combien	Wievie l kostet das ? / Wie viele Büche r ?	Combie n cela coûte ? / Combie n de livres ?

Structure :

1. **W-Wort + Verbe + Sujet + Complément**
   Exemple : **Wann kommt der Bus** ? (Quand arrive le bus ?)

2. Si la question contient un complément de temps ou de lieu, celui-ci vient **après le sujet**.
   Exemple : **Wo wohnst du** ? (Où habites-tu ?)

3. Différence Entre "Du" et "Sie" dans les Questions

En allemand, le niveau de formalité de votre conversation (informel ou formel) influence la manière de poser vos questions.

- **Informel (tu) :**
  Utilisez **du** pour parler à quelqu'un que vous connaissez bien, comme un ami ou un proche.
  Exemple : **Wie heißt du** ? (Comment t'appelles-tu ?)

- **Formel (vous) :**
  Utilisez **Sie** avec une majuscule pour un inconnu, une personne âgée ou dans un contexte professionnel.
  Exemple : **Wie heißen Sie** ? (Comment vous appelez-vous ?)

4. Exemples de Questions Simples

Mettons en pratique tout ce que nous avons appris ! Voici des exemples de questions et réponses dans des situations courantes :

- **Dialogue au supermarché :**
  - Kunde : **Wie viel kostet das** ? (Combien cela coûte-t-il ?)
  - Verkäufer : **Das kostet 10 Euro.** (Cela coûte 10 euros.)

- **Dialogue entre amis :**
  - A : **Wo wohnst du** ? (Où habites-tu ?)
  - B : **Ich wohne in Berlin.** (J'habite à Berlin.)

- **Dialogue formel :**

- A : **Haben Sie ein Auto ?** (Avez-vous une voiture ?)

- B : **Ja, ich habe ein Auto.** (Oui, j'ai une voiture.)

5. Exercices Pratiques

Exercice 1 : Transformez en Question

Transformez les phrases affirmatives suivantes en questions fermées (Oui/Non) :

1. Du bist glücklich.

2. Wir haben einen Hund.

3. Sie ist Lehrerin.

Exercice 2 : Complétez avec les W-Wörter

Complétez les questions suivantes avec le mot interrogatif approprié :

1. _____ wohnst du ? (Où)

2. _____ ist dein Name ? (Quel/Comment)

3. _____ kostet das Auto ? (Combien)

Exercice 3 : Traduisez

Traduisez les questions suivantes en allemand :

1. Qui est-ce ?

2. Pourquoi êtes-vous triste ?

3. Quand viens-tu ?

6. Corrections des Exercices

Exercice 1 : Transformez en Questions

1. Du bist glücklich. → **Bist du glücklich** ? (Es-tu heureux ?)

2. Wir haben einen Hund. → **Haben wir einen Hund** ? (Avons-nous un chien ?)

3. Sie ist Lehrerin. → **Ist sie Lehrerin** ? (Est-elle professeur ?)

Exercice 2 : Complétez avec les W-Wörter

1. **Wo** wohnst du ? → Où habites-tu ?

2. **Wie** ist dein Name ? → Quel est ton nom ?

3. **Wie viel** kostet das Auto ? → Combien coûte la voiture ?

Exercice 3 : Traduisez

1. Qui est-ce ? → **Wer ist das ?**

2. Pourquoi êtes-vous triste ? → **Warum sind Sie traurig ?**

3. Quand viens-tu ? → **Wann kommst du ?**

Leçon 5: Les Articles Définis et Indéfinis en Allemand

Dans cette leçon, nous allons apprendre les articles en allemand. Ces petits mots, souvent négligés au début, sont pourtant cruciaux pour structurer correctement vos phrases. Contrairement au français, l'allemand distingue trois genres grammaticaux : **masculin**, **féminin** et **neutre**, chacun ayant ses propres articles.

1. Les Genres et les Articles Définis

Les articles définis désignent des objets ou personnes spécifiques, comme en français (*le, la, les*). En allemand, ils se déclinent selon le **genre** (masculin, féminin, neutre) et le **nombre** (singulier ou pluriel).

Genre	Singulier	Pluriel	Exemple	Traduction
Masculin	der	die	der Hund (le chien)	Les chiens : die Hunde
Féminin	die	die	die Frau (la femme)	Les femmes : die Frauen
Neutre	das	die	das Buch (le livre)	Les livres : die Bücher

Trucs pour se Souvenir :

- Les noms masculins (**der**) incluent souvent des professions et des êtres masculins : *der Mann* (l'homme), *der Lehrer* (le professeur).

- Les noms féminins (**die**) incluent les êtres féminins : *die Frau* (la femme), *die Schwester* (la sœur).

- Les noms neutres (**das**) désignent fréquemment des objets ou concepts : *das Kind* (l'enfant), *das Haus* (la maison).

2. Les Articles Indéfinis

Les articles indéfinis désignent quelque chose ou quelqu'un de non spécifique, comme en français (*un, une*). En allemand, les articles indéfinis changent aussi selon le genre.

Genre	Singulier	Pas de Pluriel	Exemple	Traduction
Masculin	ein	-	ein Hund (un chien)	-
Féminin	eine	-	eine Frau (une femme)	-
Neutre	ein	-	ein Buch (un livre)	-

Remarque :

En allemand, les articles indéfinis n'existent pas au pluriel. Pour parler d'un pluriel indéfini, on utilise le nom sans article :

- **Bücher** → Des livres.

- **Frauen** → Des femmes.

3. Articles et Négation avec « Kein »

Pour nier un nom en allemand (*aucun/aucune*), l'article **kein** est utilisé à la place des articles indéfinis. Il se décline également en fonction du genre.

Genre	Forme au Singulier	Pluriel	Exemple	Traduction
Masculin	**kein**	keine	Kein Hund (aucun chien)	Aucun chien
Féminin	**keine**	keine	Keine Frau (aucune femme)	Aucune femme
Neutre	**kein**	keine	Kein Buch (aucun livre)	Aucun livre

4. Exercices Pratiques

Exercice 1 : Complétez avec l'Article Défini

Complétez ces phrases avec le bon article défini (**der, die, das, ou die** pour le pluriel) :

1. ___ Hund ist klein.

2. ___ Frau ist freundlich.

3. ___ Bücher sind teuer.

4. ___ Auto ist rot.

Exercice 2 : Complétez avec l'Article Indéfini

Complétez ces phrases avec le bon article indéfini (**ein, eine**) :

1. Ich sehe ___ Hund.

2. Er hat ___ Schwester.

3. Ich kaufe ___ Buch.

Exercice 3 : Négation avec « kein »

Transformez les phrases suivantes en phrases négatives en utilisant **kein** :

1. Ich habe einen Hund.

2. Sie hat ein Buch.

3. Wir haben eine Katze.

5. Corrections des Exercices

Exercice 1 : Complétez avec l'Article Défini

1. **Der Hund ist klein.** (Le chien est petit.)

2. **Die Frau ist freundlich.** (La femme est amicale.)

3. **Die Bücher sind teuer.** (Les livres sont chers.)

4. **Das Auto ist rot.** (La voiture est rouge.)

Exercice 2 : Complétez avec l'Article Indéfini

1. Ich sehe **einen Hund.** (Je vois un chien.)

2. Er hat **eine Schwester.** (Il a une sœur.)

3. Ich kaufe **ein Buch.** (J'achète un livre.)

Exercice 3 : Négation avec « kein »

1. Ich habe **keinen** Hund. (Je n'ai pas de chien.)

2. Sie hat **kein** Buch. (Elle n'a pas de livre.)

3. Wir haben **keine** Katze. (Nous n'avons pas de chat.)

Leçon 6: Comprendre les Déclinaisons en Allemand

Bienvenue dans une leçon clé pour maîtriser l'allemand :

les **déclinaisons**. Contrairement au français, où les mots gardent la même forme quel que soit leur rôle dans la phrase, l'allemand modifie les articles et parfois les noms selon leur fonction grammaticale. Cela peut sembler complexe au début, mais cette leçon vous simplifiera les choses.

1. Qu'est-ce que la Déclinaison ?

En allemand, les déclinaisons indiquent le rôle d'un mot dans une phrase. Les noms, les pronoms, et les articles (comme "der", "ein", etc.) changent de forme selon leur **cas**. Les cas déterminent la fonction grammaticale d'un mot. Il existe **quatre cas principaux** en allemand :

1. **Nominatif** : Utilisé pour le sujet de la phrase.

2. **Accusatif** : Utilisé pour le complément d'objet direct (COD).

3. **Datif** : Utilisé pour le complément d'objet indirect (COI).

4. **Génitif** : Utilisé pour indiquer la possession.

2. Les Cas en Détail

Le Nominatif : Le Sujet

Le nominatif désigne le mot qui effectue l'action dans la phrase. C'est aussi la forme de base.

Genre	Article	Article	Exemple	Traduction

	défini	indéfini		
Masculin	der	ein	Der Hund schläft.	Le chien dort.
Féminin	die	eine	Die Frau liest.	La femme lit.
Neutre	das	ein	Das Kind spielt.	L'enfant joue.
Pluriel	die	–	Die Kinder singen.	Les enfants chantent.

L'Accusatif : Le Complément d'Objet Direct

L'accusatif désigne le mot qui subit l'action. Certains articles changent à l'accusatif, notamment pour le masculin.

Genre	Article défini	Article indéfini	Exemple	Traduction
Masculin	den	einen	Ich sehe den Hund.	Je vois le chien.
Féminin	die	eine	Ich höre die Frau.	J'entends la femme.
Neutre	das	ein	Wir kaufen das Buch.	Nous achetons le livre.
Pluriel	die	–	Sie mögen die Blumen.	Ils aiment les fleurs.

Astuce :

Seul l'article masculin (**der** → **den**, **ein** → **einen**) change à l'accusatif. Cela simplifie un peu les choses.

Le Datif : Le Complément d'Objet Indirect

Le datif indique à qui ou à quoi l'action est destinée. À ce cas, les articles changent pour tous les genres.

Genre	Article défini	Article indéfini	Exemple	Traduction
Masculin	dem	einem	Ich gebe dem Hund das Buch.	Je donne le livre au chien.
Féminin	der	einer	Ich zeige der Frau das Bild.	Je montre l'image à la femme.
Neutre	dem	einem	Wir helfen dem Kind.	Nous aidons l'enfant.
Pluriel	den (+n au nom)	–	Ich schenke den Kindern Bücher.	J'offre des livres aux enfants.

Astuce :

Quand un nom est au datif pluriel, on ajoute souvent un **-n** au mot, sauf s'il en a déjà un.
Exemple : **Kinder** → **Kindern.**

Le Génitif : La Possession

Le génitif exprime l'appartenance ou la possession. Il est moins utilisé à l'oral mais reste important dans des textes écrits.

Genre	Article défini	Article indéfini	Exemple	Traduction
Masculin	**des**	**eines**	Das Buch des Mannes.	Le livre de l'homme.
Féminin	**der**	**einer**	Die Tasche der Frau.	Le sac de la femme.
Neutre	**des**	**eines**	Die Farbe des Autos.	La couleur de la voiture.
Pluriel	**der**	–	Das Haus der Eltern.	La maison des parents.

Astuce :

Pour les noms masculins et neutres, on ajoute souvent un **-s** ou **-es** au nom au génitif.
Exemple : **der Mann** → **des Mannes**, **das Auto** → **des Autos.**

3. Résumé des Articles Déclinés

Voici un tableau récapitulatif pour les articles définis et indéfinis dans chaque cas :

Cas	Masculin (déf./indéf.)	Féminin (déf./indéf.)	Neutre (déf./indéf.)	Pluriel (déf.)
Nominatif	der / ein	die / eine	das / ein	die
Accusatif	**den** / **einen**	die / eine	das / ein	die
Datif	**dem** / **einem**	**der** / **einer**	**dem** / **einem**	**den** (+n)
Génitif	**des** / **eines**	**der** / **einer**	**des** / **eines**	**der**

4. Exemples Pratiques

Phrase au nominatif :

- **Der Mann liest ein Buch.**
  (*L'homme lit un livre.*)

Phrase avec un accusatif :

- **Ich sehe den Mann.**
  (*Je vois l'homme.*)

Phrase avec un datif :

- **Ich gebe dem Mann das Buch.**
  (*Je donne le livre à l'homme.*)

Phrase avec un génitif :

- **Das ist das Buch des Mannes.**
  (*C'est le livre de l'homme.*)

5. Exercices Pratiques

Exercice 1 : Identifiez le Cas

Dans chaque phrase, identifiez le cas des articles (**nominatif, accusatif, datif ou génitif**) :

1. Der Hund spielt im Garten.

2. Ich sehe den Hund.

3. Ich gebe dem Hund ein Spielzeug.

4. Das Fell des Hundes ist braun.

Exercice 2 : Complétez avec le Bon Article

Complétez les phrases avec le bon article (**der, die, das, den, dem, des**) :

1. Ich sehe ___ Mann.

2. Das ist das Auto ___ Frau.

3. Ich gebe ___ Kind ein Geschenk.

4. ___ Hund ist freundlich.

Exercice 3 : Traduisez en Allemand

Traduisez les phrases suivantes en allemand :

1. Le chien mange un os.

2. Je donne le livre à la femme.

3. C'est la maison des enfants.

6. Corrections des Exercices

Exercice 1 : Identifiez le Cas

1. **Der Hund** (nominatif) → Sujet de la phrase.

2. **Den Hund** (accusatif) → COD de *je vois*.

3. **Dem Hund** (datif) → COI de *je donne*.

4. **Des Hundes** (génitif) → Indique la possession (*le pelage du chien*).

Exercice 2 : Complétez avec le Bon Article

1. Ich sehe **den Mann**.

2. Das ist das Auto **der Frau**.

3. Ich gebe **dem Kind** ein Geschenk.

4. **Der Hund** ist freundlich.

Exercice 3 : Traduisez en Allemand

1. Le chien mange un os. → **Der Hund frisst einen Knochen**.

2. Je donne le livre à la femme. → **Ich gebe der Frau das Buch**.

3. C'est la maison des enfants. → **Das ist das Haus der Kinder**.

Leçon 7: Les Verbes Forts et Faibles au Présent

Dans cette leçon, nous allons explorer les **verbes allemands**, un sujet essentiel pour communiquer avec précision. Les verbes en allemand se divisent en **verbes faibles** (réguliers) et **verbes forts** (irréguliers). Nous nous concentrerons sur leur conjugaison au **présent**, la forme de base utilisée pour exprimer des actions ou des faits habituels.

1. Verbes Faibles (Réguliers)

Les verbes **faibles**, ou **réguliers**, suivent un schéma de conjugaison simple et prévisible. Ils sont donc plus faciles à apprendre pour les débutants.

Structure de Base :

Pour conjuguer un verbe faible :

1. Identifiez le radical (le verbe sans « -en » ou « -n »). Exemple : *spielen* (jouer) → Radical : *spiel*.

2. Ajoutez les terminaisons appropriées selon le sujet.

Terminaisons des Verbes Faibles au Présent :

Sujet	Terminaisons	Exemple : *spielen* (jouer)
Ich (je)	-e	**Ich spiele** (je joue)
Du (tu)	-st	**Du spielst** (tu joues)
Er/Sie/Es (il/elle/on)	-t	**Er spielt** (il joue)
Wir (nous)	-en	**Wir spielen** (nous jouons)
Ihr (vous, informel)	-t	**Ihr spielt** (vous jouez)
Sie (vous, formel/ils/elles)	-en	**Sie spielen** (vous jouez/ils jouent)

Exemple avec d'autres verbes faibles :

1. *machen* (faire) →

   - Ich mache (je fais),

   - Du machst (tu fais),

   - Wir machen (nous faisons).

2. *lernen* (apprendre) →

   - Ich lerne (j'apprends),

   - Er lernt (il apprend),

   - Ihr lernt (vous apprenez, informel).

Point Clé :

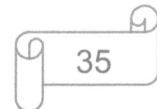

Les verbes faibles ont des radicaux qui restent **constants**, quel que soit le sujet.

2. Verbes Forts (Irréguliers)

Les verbes **forts**, ou **irréguliers**, changent de voyelle dans leur radical lorsqu'ils sont conjugués (un phénomène appelé **modification vocalique**). Cela peut sembler compliqué, mais une pratique régulière vous aidera à les mémoriser.

Caractéristiques des Verbes Forts :

1. La modification vocalique concerne les personnes **du** (tu) et **er/sie/es** (il/elle/on).
   Exemple : *sprechen* (parler) →

   - **Ich spreche** (je parle),

   - **Du sprichst** (tu parles),

   - **Er spricht** (il parle).

2. Sinon, les terminaisons restent similaires à celles des verbes faibles.

Terminaisons des Verbes Forts au Présent :

Sujet	Terminaisons	Exemple : *essen* (manger)
Ich (je)	-e	**Ich esse** (je mange)
Du (tu)	-st	**Du isst** (tu manges)
Er/Sie/Es (il/elle/on)	-t	**Er isst** (il mange)
Wir (nous)	-en	**Wir essen** (nous mangeons)
Ihr (vous, informel)	-t	**Ihr esst** (vous mangez)
Sie (vous, formel/ils/elles)	-en	**Sie essen** (vous mangez/ils mangent)

Liste de Verbes Forts Courants :

Verbe Infinitif	Signification	Modification vocalique
essen	Manger	e → i (*du isst, er isst*)
lesen	Lire	e → ie (*du liest, er liest*)
sprechen	Parler	e → i (*du sprichst, er spricht*)
fahren	Conduire/aller	a → ä (*du fährst, er fährt*)
sehen	Voir	e → ie (*du siehst, er sieht*)
laufen	Courir/marcher	au → äu (*du läufst, er läuft*)

3. Les Verbes Modaux

Les **verbes modaux** sont des verbes particuliers qui servent à moduler le sens d'un autre verbe (vouloir, devoir, pouvoir…). Ils sont souvent suivis d'un infinitif qui reste à la fin de la phrase.

Liste des Verbes Modaux Courants :

Verbe	Signification	Exemple
können	Pouvoir	Ich kann Deutsch sprechen. (*Je peux parler allemand.*)
müssen	Devoir	Wir müssen arbeiten. (*Nous devons travailler.*)
mögen	Aimer	Sie mag Bücher. (*Elle aime les livres.*)
dürfen	Avoir le droit	Du darfst hier bleiben. (*Tu as le droit de rester ici.*)
wollen	Vouloir	Ich will Pizza essen. (*Je veux manger une pizza.*)
sollen	Devoir (moral)	Er soll lernen. (*Il doit étudier.*)

Conjugaison de *können* (pouvoir) au Présent :

Sujet	Conjugaison	Exemple
Ich (je)	kann	Ich kann schwimmen. (*Je peux nager.*)
Du (tu)	kannst	Du kannst fahren. (*Tu peux conduire.*)
Er/Sie/Es	kann	Er kann Deutsch sprechen. (*Il peut parler allemand.*)
Wir	können	Wir können kommen. (*Nous pouvons venir.*)
Ihr	könnt	Ihr könnt spielen. (*Vous pouvez jouer.*)
Sie	können	Sie können lernen. (*Ils peuvent apprendre.*)

4. Exemples Pratiques

Verbes Faibles :

- **Ich spiele Fußball.** (*Je joue au football.*)

- **Wir lernen Deutsch.** (*Nous apprenons l'allemand.*)

Verbes Forts :

- **Er fährt nach Berlin.** (*Il va à Berlin en voiture.*)

- **Du sprichst Englisch.** (*Tu parles anglais.*)

Verbes Modaux :

- **Ich muss arbeiten.** (*Je dois travailler.*)

- **Kannst du schwimmen ?** (*Peux-tu nager ?*)

5. Exercices Pratiques

Exercice 1 : Conjuguez les Verbes Faibles

Conjuguez les verbes suivants au présent :

1. *machen* (faire)
   avec **ich** et **wir**.

2. *arbeiten* (travailler)
   avec **er** et **sie (pluriel)**.

Exercice 2 : Conjuguez les Verbes Forts

Conjuguez les verbes suivants au présent :

1. *lesen* (lire) avec **du** et **er**.

2. *fahren* (aller) avec **wir** et **ihr**.

Exercice 3 : Complétez avec le Bon Verbe Modal

Complétez les phrases avec le bon verbe modal conjugué :

1. Ich ____ Deutsch sprechen. (*pouvoir*)

2. Du ____ früh aufstehen. (*devoir*)

3. Sie ____ ein Buch lesen. (*vouloir*)

6. Corrections des Exercices

Exercice 1 : Conjuguez les Verbes Faibles

1. Ich **mache**, Wir **machen**.

2. Er **arbeitet**, Sie **arbeiten**.

Exercice 2 : Conjuguez les Verbes Forts

1. Du **liest**, Er **liest**.

2. Wir **fahren**, Ihr **fahrt**.

Exercice 3 : Complétez avec le Bon Verbe Modal

1. Ich **kann** Deutsch sprechen. (*Je peux parler allemand.*)

2. Du **musst** früh aufstehen. (*Tu dois te lever tôt.*)

3. Sie **will** ein Buch lesen. (*Elle veut lire un livre.*)

Leçon 8: Les Prépositions et Leur Interaction avec les Cas

Les prépositions sont un élément central de la grammaire allemande, car elles déterminent souvent le **cas** (nominatif, accusatif, datif ou génitif) qui suit un nom ou un pronom. Dans cette leçon, nous allons explorer les différents types de prépositions et apprendre comment les utiliser pour construire des phrases correctes.

1. Qu'est-ce qu'une Préposition en Allemand ?

Une préposition est un mot qui indique une relation entre un verbe et un complément. Elle peut signaler un lieu, un mouvement, une direction, une cause, ou une manière. Par exemple :

- **Ich gehe in den Park.** (*Je vais au parc.*)

- **Das Buch liegt auf dem Tisch.** (*Le livre est sur la table.*)

En allemand, chaque préposition est associée à un ou plusieurs cas. Elle définit donc si le nom ou le pronom qui la suit doit être au nominatif, accusatif, datif ou génitif.

2. Les Prépositions avec l'Accusatif

Certaines prépositions en allemand exigent systématiquement que le complément soit à **l'accusatif**. Voici les prépositions les plus courantes :

Préposition	Traduction	Exemple	Traduction
durch	à travers	Wir gehen durch den Wald.	Nous traversons la forêt.
für	pour	Das Geschenk ist für dich.	Le cadeau est pour toi.
gegen	contre	Er ist gegen die Idee.	Il est contre l'idée.
ohne	sans	Ich gehe ohne meinen Bruder.	Je vais sans mon frère.

| um | autour de/à | Wir sitzen um den Tisch. | Nous sommes assis autour de la table. |

3. Les Prépositions avec le Datif

D'autres prépositions exigent que le complément soit au **datif**. Ces prépositions sont très courantes dans la langue allemande :

Préposition	Traduction	Exemple	Traduction
aus	de/à partir de	Er kommt aus dem Büro.	Il vient du bureau.
bei	chez/près de	Ich bin bei meinem Freund.	Je suis chez mon ami.
mit	avec	Ich gehe mit meiner Schwester.	Je vais avec ma sœur.
nach	après/vers	Wir fahren nach Deutschland.	Nous allons en Allemagne.
seit	depuis	Sie arbeitet seit einem Jahr hier.	Elle travaille ici depuis un an.
von	de/provenance	Das Geschenk ist von meiner Mutter.	Le cadeau est de ma mère.
zu	chez/vers	Ich gehe zu	Je vais chez

		meinem Onkel.	mon oncle.

4. Les Prépositions avec le Génitif

Les prépositions qui nécessitent le **génitif** sont plus rares et souvent utilisées dans un registre formel ou écrit. En voici quelques-unes :

Préposition	Traduction	Exemple	Traduction
(an)statt	au lieu de	Anstatt des Autos nehme ich das Fahrrad.	Au lieu de la voiture, je prends le vélo.
trotz	malgré	Trotz des Regens gehen wir spazieren.	Malgré la pluie, nous nous promenons.
wegen	à cause de	Wegen der Arbeit kann ich nicht kommen.	À cause du travail, je ne peux pas venir.
während	pendant	Während des Tages ist es warm.	Pendant la journée, il fait chaud.

5. Les Prépositions à Double Régime : Accusatif ou Datif

Certaines prépositions peuvent être suivies soit de l'**accusatif**, soit du **datif**, selon la question posée :

- Si la préposition exprime **un mouvement** (destination → Où **vers** ?), elle est suivie de l'accusatif.

- Si elle exprime **un lieu** (position → Où **à** ?), elle est suivie du datif.

Liste des Prépositions à Double Régime :

Préposition	Traduction	Accusatif (mouvement)	Datif (position)
an	à/au bord de	Ich gehe an den Strand. (*Je vais à la plage.*)	Ich bin am Strand. (*Je suis à la plage.*)
auf	sur	Ich lege das Buch auf den Tisch.	Le livre repose **sur** la table.
hinter	derrière	Sie geht hinter das Haus.	Sie steht hinter dem Haus.
in	dans/en	Wir gehen in die Schule.	Wir sind in der Schule.
neben	à côté de	Das Kind läuft neben den Baum.	Das Kind sitzt neben dem Baum.
über	au-dessus de	Das Flugzeug fliegt	Die Lampe hängt

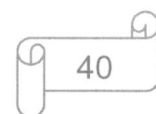

		über die Stadt.	über dem Tisch.
unter	sous/entre	Ich stelle die Schuhe unter das Bett.	Die Schuhe sind unter dem Bett.
vor	devant	Er fährt vor das Haus.	Er steht vor dem Haus.
zwischen	entre	Er geht zwischen die Gebäude.	Er steht zwischen den Gebäuden.

6. Exemples Pratiques

Voici quelques exemples pour illustrer différentes situations :

Prépositions avec l'Accusatif :

- **Ich gehe durch den Park.** (*Je traverse le parc.*)

- **Dieses Geschenk ist für meinen Vater.** (*Ce cadeau est pour mon père.*)

Prépositions avec le Datif :

- **Ich bin bei meiner Freundin.** (*Je suis chez mon amie.*)

- **Er fährt mit seinem Auto.** (*Il conduit avec sa voiture.*)

Prépositions avec le Génitif :

- **Wegen des schlechten Wetters bleiben wir zu Hause.** (*À cause du mauvais temps, nous restons à la maison.*)

- **Trotz der Kälte ging er spazieren.** (*Malgré le froid, il est allé se promener.*)

Prépositions à Double Régime :

- **Ich gehe in die Klasse.** (*Je vais dans la classe.* → Mouvement → Accusatif)

- **Ich bin in der Klasse.** (*Je suis dans la classe.* → Position → Datif)

7. Exercices Pratiques

Exercice 1 : Complétez avec la Bonne Préposition

Choisissez la préposition appropriée dans le contexte :

1. Ich fahre ____ Deutschland. (*vers*)

2. Das Geschenk ist ____ meinen Eltern. (*pour*)

3. Er sitzt ____ dem Tisch. (*sous*)

Exercice 2 : Identifiez le Cas

Analysons les phrases suivantes. Quel est le cas utilisé dans chaque phrase ?

1. Wir fahren durch den Tunnel.

2. Das Bild hängt an der Wand.

3. Sie geht zu ihrer Freundin.

Exercice 3 : Traduisez en Allemand

Traduisez les phrases suivantes en allemand :

1. Nous allons dans le jardin.

2. Il est sur la chaise.

3. À cause du vent, nous restons chez nous.

8. Corrections des Exercices

Exercice 1 : Complétez avec la Bonne Préposition

1. Ich fahre **nach** Deutschland.

2. Das Geschenk ist **für** meinen Eltern.

3. Er sitzt **unter** dem Tisch.

Exercice 2 : Identifiez le Cas

1. **Durch den Tunnel** → Accusatif (mouvement).

2. **An der Wand** → Datif (position).

3. **Zu ihrer Freundin** → Datif (COI).

Exercice 3 : Traduisez en Allemand

1. Nous allons dans le jardin. → **Wir gehen in den Garten.**

2. Il est sur la chaise. → **Er sitzt auf dem Stuhl.**

3. À cause du vent, nous restons chez nous. → **Wegen des Windes bleiben wir zu Hause.**

Leçon 9: Le Passé Composé (Das Perfekt)

Dans cette leçon, nous allons apprendre à conjuguer les verbes au **passé composé** (en allemand, *Perfekt*). Ce temps est couramment utilisé en allemand, à l'écrit comme à l'oral, pour parler d'événements ou d'actions terminés. Il correspond au passé composé ou au passé simple en français.

1. Qu'est-ce que le Perfekt ?

Le *Perfekt* est composé de deux éléments :

1. Un **auxiliaire conjugué au présent** (*haben* ou *sein*).

2. Le **participe passé** du verbe principal.

Structure de la Phrase au Perfekt :

Sujet + auxiliaire (haben/sein) + compléments + participe passé.

Exemple : **Ich habe Deutsch gelernt.** (*J'ai appris l'allemand.*)

2. Quand Utiliser « Haben » ou « Sein » ?

1. Avec l'Auxiliaire *Haben*

L'auxiliaire *haben* est utilisé pour la majorité des verbes, notamment :

- Les verbes transitifs (*avec complément d'objet*). Exemple : **Ich habe ein Buch gelesen.** (*J'ai lu un livre.*)

- Les verbes qui expriment un état ou une action sans déplacement. Exemple : **Ich habe geschlafen.** (*J'ai dormi.*)

2. Avec l'Auxiliaire *Sein*

L'auxiliaire *sein* est utilisé avec :

- Les verbes qui expriment un **déplacement ou un changement** d'état. Exemple : **Ich bin nach Hause gegangen.** (*Je suis allé à la maison.*)

- Quelques verbes intransitifs comme *sein* (être), *bleiben* (rester), *werden* (devenir). Exemple : **Ich bin müde gewesen.** (*J'ai été fatigué.*)

3. Formation du Participe Passé

En allemand, le participe passé des verbes suit des règles spécifiques selon qu'ils sont faibles (réguliers) ou forts (irréguliers).

1. Verbes Faibles (Réguliers)

Le participe passé des verbes faibles se forme en ajoutant **ge-** au début et **-t** à la fin du radical du verbe. Exemple :

- *machen* (faire) → **gemacht** (*fait*).

- *lernen* (apprendre) → **gelernt** (*appris*).

2. Verbes Forts (Irréguliers)

Les verbes forts ont des participes passés irréguliers, souvent en **-en**. Ils sont rarement prévisibles, donc il faut les apprendre par cœur. Exemple :

- *sehen* (voir) → **gesehen** (*vu*).

- *fahren* (aller/conduire) → **gefahren** (*allé/conduit*).

3. Verbes Commençant par une Préfixe Inaccentué

Pour les verbes qui commencent par un **préfixe inséparable** (*be-, ent-, er-, ver-, zer-*), on ne met pas **ge-** devant le radical. Exemple :

- *besuchen* (visiter)
  → **besucht** (*visité*).

- *verstehen* (comprendre)
  → **verstanden** (*compris*).

4. Exemples Pratiques

Verbe Infinitif	Participe Passé	Avec Haben/Sein	Exemple de Phrase	Traduction
lernen (apprendre)	gelernt	haben	**Ich habe Deutsch gelernt.**	J'ai appris l'allemand.
machen (faire)	gemacht	haben	**Er hat seine Hausaufgaben gemacht.**	Il a fait ses devoirs.
gehen (aller)	gegangen	sein	**Wir sind in die Stadt gegangen.**	Nous sommes allés en ville.
fahren (conduire)	gefahren	sein	**Sie ist nach Berlin gefahren.**	Elle est allée à Berlin.
sehen (voir)	gesehen	haben	**Ich habe den Film gesehen.**	J'ai vu le film.
essen (manger)	gegessen	haben	**Wir haben Pizza gegessen.**	Nous avons mangé une

				pizza.

5. Construire une Phrase Complexe au Perfekt

Pour construire une phrase complexe en allemand au Perfekt :

1. Conjuguez l'auxiliaire (*haben* ou *sein*) au présent.

2. Placez le participe passé à la **fin** de la phrase.

Exemple :

- Phrase simple : **Ich habe gelernt.** (*J'ai appris.*)

- Phrase avec complément : **Ich habe gestern Deutsch gelernt.** (*J'ai appris l'allemand hier.*)

6. Exercices Pratiques

Exercice 1 : Trouvez le Participe Passé

Donnez le participe passé des verbes suivants :

1. machen (*faire*)

2. trinken (*boire*)

3. kaufen (*acheter*)

4. bleiben (*rester*)

5. schreiben (*écrire*)

Exercice 2 : Complétez la Phrase

Complétez les phrases avec l'auxiliaire correct (*haben* ou *sein*) et le participe passé :

1. Ich _____ nach Paris _____ (fahren).

2. Wir _____ einen Kuchen _____ (backen).

3. Sie _____ den Film _____ (sehen).

4. Er _____ zu Hause _____ (bleiben).

5. Du _____ viel Wasser _____ (trinken).

Exercice 3 : Traduisez en Allemand

Traduisez les phrases suivantes en allemand :

1. J'ai étudié hier.

2. Nous sommes allés à la plage.

3. Elle a mangé une pomme.

4. Ils ont visité un musée.

5. Tu as écrit une lettre.

7. Corrections des Exercices

Exercice 1 : Trouvez le Participe Passé

1. machen → **gemacht** (*fait*).

2. trinken → **getrunken** (*bu*).

3. kaufen → **gekauft** (*acheté*).

4. bleiben → **geblieben** (*resté*).

5. schreiben → **geschrieben** (*écrit*).

Exercice 2 : Complétez la Phrase

1. Ich **bin** nach Paris **gefahren**. (*Je suis allé à Paris.*)

2. Wir **haben** einen Kuchen **gebacken**. (*Nous avons fait un gâteau.*)

3. Sie **hat** den Film **gesehen**. (*Elle a vu le film.*)

4. Er **ist** zu Hause **geblieben**. (*Il est resté à la maison.*)

5. Du **hast** viel Wasser **getrunken**. (*Tu as bu beaucoup d'eau.*)

Exercice 3 : Traduisez en Allemand

1. J'ai étudié hier → **Ich habe gestern gelernt.**

2. Nous sommes allés à la plage → **Wir sind an den Strand gegangen.**

3. Elle a mangé une pomme → **Sie hat einen Apfel gegessen.**

4. Ils ont visité un musée → **Sie haben ein Museum besucht.**

5. Tu as écrit une lettre → **Du hast einen Brief geschrieben.**

Leçon 10: Le Futur (Futur I)

Dans cette leçon, nous allons apprendre à parler de l'avenir grâce au **Futur I**, utilisé pour exprimer des actions ou des événements qui se produiront dans le futur. La construction du futur en allemand est simple et très similaire à celle d'autres langues européennes.

1. Quand Utiliser le Futur I en Allemand ?

Le Futur I est utilisé dans les cas suivants :

- **Décrire une action future :** Exemple : **Ich werde morgen reisen.** (*Je vais voyager demain.*)

- **Exprimer une intention ou un plan :** Exemple : **Wir werden Deutsch lernen.** (*Nous allons apprendre l'allemand.*)

- **Faire des suppositions sur le présent ou le futur** (*équivalent de "probablement" ou "je suppose"*) : Exemple : **Es wird spät sein.** (*Il doit être tard.*)

2. Structure du Futur I

Le **Futur I** est formé avec :

1. Le **verbe auxiliaire *werden*** conjugué au présent.

2. L'**infinitif** du verbe principal, placé à la **fin** de la phrase.

Exemple :

Ich werde Deutsch lernen. (*Je vais apprendre l'allemand.*)

- **werde** : auxiliaire conjugué.

- **lernen** : infinitif du verbe principal.

3. Conjugaison de l'Auxiliaire *werden*

Sujet	Conjugaison de *werden*	Exemple	Traduction
Ich	werde	Ich werde reisen.	Je vais voyager.
Du	wirst	Du wirst lesen.	Tu vas lire.
Er/Sie/Es	wird	Er wird arbeiten.	Il va travailler.

Wir	werden	Wir werden kochen.	Nous allons cuisiner.
Ihr	werdet	Ihr werdet kommen.	Vous allez venir.
Sie (politesse ou ils/elles)	werden	Sie werden spielen.	Vous/ils vont jouer.

4. Exemples Pratiques

Examinons quelques exemples pour mieux comprendre la structure et l'utilisation du Futur I :

Phrase Simple :

- **Ich werde das Buch lesen.** (*Je vais lire le livre.*)

- **Wir werden einen Film sehen.** (*Nous allons regarder un film.*)

Phrase avec un Complément de Temps :

- **Morgen werde ich früh aufstehen.** (*Demain, je vais me lever tôt.*)

- **Nächstes Jahr werden wir Deutschland besuchen.** (*L'année prochaine, nous visiterons l'Allemagne.*)

Phrase avec une Supposition :

- **Sie wird müde sein.** (*Elle doit être fatiguée / Elle sera probablement fatiguée.*)

- **Es wird regnen.** (*Il va probablement pleuvoir.*)

5. Différences Entre Futur et Présent

En allemand, on utilise souvent le **présent** pour parler d'actions futures lorsque le contexte est clair. Exemple :

- **Ich gehe morgen ins Kino.** (*Je vais au cinéma demain.* → Présent utilisé pour un futur proche.)

- **Ich werde morgen ins Kino gehen.** (*Je vais aller au cinéma demain.* → Futur pour insister sur l'action future.)

Le **Futur I** est utilisé lorsque :

- Vous voulez insister sur le caractère futur de l'action.

- Vous voulez exprimer des incertitudes ou des suppositions.

6. Exercices Pratiques

Exercice 1 : Conjuguez *werden*

Conjuguez l'auxiliaire *werden* avec les sujets suivants et utilisez-le pour former des phrases au futur :

1. Ich _____ (arbeiten).

2. Du _____ (lernen).

3. Er _____ (kommen).

Exercice 2 : Complétez la Phrase

Complétez les phrases suivantes au futur :

1. Nächstes Jahr _____ wir nach Europa _____ (reisen).

2. Morgen _____ er seine Hausaufgaben _____ (machen).

3. Ich _____ eine neue Sprache _____ (lernen).

Exercice 3 : Traduisez en Allemand

Traduisez les phrases suivantes en allemand :

1. Nous allons acheter une voiture.

2. Elle va écrire une lettre demain.

3. Tu vas probablement dormir tôt.

7. Corrections des Exercices

Exercice 1 : Conjuguez *werden*

1. Ich **werde arbeiten.** (*Je vais travailler.*)

2. Du **wirst lernen.** (*Tu vas apprendre.*)

3. Er **wird kommen.** (*Il va venir.*)

Exercice 2 : Complétez la Phrase

1. Nächstes Jahr **werden wir nach Europa reisen.** (*L'année prochaine, nous allons voyager en Europe.*)

2. Morgen **wird er seine Hausaufgaben machen.** (*Demain, il va faire ses devoirs.*)

3. Ich **werde eine neue Sprache lernen.** (*Je vais apprendre une nouvelle langue.*)

Exercice 3 : Traduisez en Allemand

1. Nous allons acheter une voiture → **Wir werden ein Auto kaufen.**

2. Elle va écrire une lettre demain → **Sie wird morgen einen Brief schreiben.**

3. Tu vas probablement dormir tôt → **Du wirst wahrscheinlich früh schlafen.**

Leçon 11: Les Adjectifs et Leur Déclinaison

Dans cette leçon, nous allons plonger dans un aspect fondamental de la grammaire allemande : **les adjectifs**. Contrairement au français, où les adjectifs changent simplement en fonction du genre et du nombre, les adjectifs allemands se déclinent également en fonction des **cas grammaticaux** (nominatif, accusatif, datif, génitif). Ce concept peut sembler complexe, mais cette leçon vous expliquera tout pas à pas.

1. Qu'est-ce qu'un Adjectif en Allemand ?

Un adjectif en allemand peut être utilisé dans trois contextes principaux :

1. **Attributif** : L'adjectif accompagne un nom et doit être décliné en fonction du genre, du nombre et du cas. Exemple : **Der große Mann** (*Le grand homme*).

2. **Prédicatif** : L'adjectif est utilisé après un verbe d'état (*sein, werden*, etc.) et ne se décline pas. Exemple : **Der Mann ist groß.** (*L'homme est grand.*)

3. **Adverbial** : L'adjectif modifie un verbe et ne se décline pas.

Exemple : **Er spricht laut.** (*Il parle fort.*)

Dans cette leçon, nous nous concentrerons sur l'utilisation **attributive**, puisqu'elle implique des déclinaisons.

2. Comment Décliner un Adjectif ?

La déclinaison des adjectifs dépend de trois éléments :

1. **Le genre** du nom (masculin, féminin, neutre ou pluriel).

2. **Le cas grammatical** (nominatif, accusatif, datif, génitif).

3. **L'article qui précède** le nom (défini, indéfini, ou aucun article).

Les adjectifs prennent une **terminaison spécifique** qui reflète ces éléments.

Terminaisons des Adjectifs avec des Articles Définis

Lorsque l'adjectif suit un article défini (**der, die, das, die** au pluriel), voici les terminaisons :

Cas	Masculin	Féminin	Neutre	Pluriel
Nominatif	-e	-e	-e	-en
Accusatif	-en	-e	-e	-en
Datif	-en	-en	-en	-en
Génitif	-en	-en	-en	-en

Exemple avec l'adjectif *groß* (grand):

- Nominatif : **Der große Mann.** (*Le grand homme.*)

- Accusatif : **Ich sehe den großen Mann.** (*Je vois le grand homme.*)

- Datif : **Ich helfe dem großen Mann.** (*J'aide le grand homme.*)

- Génitif : **Das Auto des großen Mannes.** (*La voiture du grand homme.*)

Terminaisons des Adjectifs avec des Articles Indéfinis

Lorsque l'adjectif suit un article indéfini (**ein, eine, ein**) ou aucun article, les terminaisons changent légèrement :

Cas	Masculin	Féminin	Neutre	Pluriel
Nominatif	-er	-e	-es	-e
Accusatif	-en	-e	-es	-e
Datif	-en	-en	-en	-en
Génitif	-en	-en	-en	-en

Exemple avec l'adjectif *klein* (petit):

- Nominatif : **Ein kleiner Junge.** (*Un petit garçon.*)

- Accusatif : **Ich sehe einen kleinen Jungen.** (*Je vois un petit garçon.*)

- Datif : **Ich helfe einem kleinen Jungen.** (*J'aide un petit garçon.*)

- Génitif : **Das Spielzeug eines kleinen Jungen.** (*Le jouet d'un petit garçon.*)

Terminaisons des Adjectifs sans Article

Lorsque l'adjectif est utilisé sans article, il doit indiquer le genre, le nombre et le cas en lui-même :

Cas	Masculin	Féminin	Neutre	Pluriel
Nominatif	-er	-e	-es	-e
Accusatif	-en	-e	-es	-e
Datif	-em	-er	-em	-en
Génitif	-en	-er	-en	-er

Exemple avec l'adjectif *neu* (nouveau):

- Nominatif : **Neuer Wein ist lecker.** (*Le vin nouveau est délicieux.*)

- Accusatif : **Ich trinke neuen Wein.** (*Je bois du vin nouveau.*)

- Datif : **Mit neuem Wein.** (*Avec du vin nouveau.*)

- Génitif : **Der Geschmack neuen Weins.** (*Le goût du vin nouveau.*)

3. Exemples Pratiques

Avec un Article Défini :

- **Die schöne Frau wohnt hier.** (*La belle femme habite ici.*) → Féminin, nominatif.

- **Ich sehe den schönen Hund.** (*Je vois le beau chien.*) → Masculin, accusatif.

Avec un Article Indéfini :

- **Ein großer Baum steht im Park.** (*Un grand arbre se tient dans le parc.*) → Masculin, nominatif.

- **Wir sehen eine große Katze.** (*Nous voyons un grand chat.*) → Féminin, accusatif.

Sans Article :

- **Altes Brot schmeckt nicht gut.** (*Le vieux pain n'a pas bon goût.*) → Neutre, nominatif.

- **Ich kaufe roten Wein.** (*J'achète du vin rouge.*) → Masculin, accusatif.

4. Exercices Pratiques

Exercice 1 : Complétez avec le Bon Adjectif Décliné

Complétez les phrases en déclinant correctement l'adjectif entre parenthèses :

1. Ich sehe ___ (klein) Hund. *(accusatif, masculin)*

2. Das ist ___ (rot) Auto. *(nominatif, neutre)*

3. Wir helfen ___ (alt) Frau. *(datif, féminin)*

4. Die Tasche ___ (schön) Frau liegt auf dem Tisch. *(génitif, féminin)*

Exercice 2 : Identifiez le Cas

Pour chaque phrase, identifiez le cas grammatical de l'adjectif :

1. Das ist ein großer Tisch.

2. Wir besuchen die alte Stadt.

3. Ich gebe dem kleinen Kind ein Buch.

4. Die Blätter des roten Baumes fallen.

Exercice 3 : Traduisez en Allemand

Traduisez les phrases suivantes :

1. Je vois un petit chat.

2. La maison de l'homme riche est grande.

3. Nous parlons avec une femme gentille.

4. Les enfants jouent avec un ballon rouge.

5. Corrections des Exercices

Exercice 1 : Complétez avec le Bon Adjectif Décliné

1. Ich sehe **einen kleinen** Hund.

2. Das ist **ein rotes** Auto.

3. Wir helfen **einer alten** Frau.

4. Die Tasche **der schönen** Frau liegt auf dem Tisch.

Exercice 2 : Identifiez le Cas

1. **Das ist ein großer Tisch.** → Nominatif (sujet).

2. **Wir besuchen die alte Stadt.** → Accusatif (complément d'objet direct).

3. **Ich gebe dem kleinen Kind ein Buch.** → Datif (complément d'objet indirect).

4. **Die Blätter des roten Baumes fallen.** → Génitif (possession).

Exercice 3 : Traduisez en Allemand

1. Je vois un petit chat → **Ich sehe eine kleine Katze.**

2. La maison de l'homme riche est grande → **Das Haus des reichen Mannes ist groß.**

3. Nous parlons avec une femme gentille → **Wir sprechen mit einer netten Frau.**

4. Les enfants jouent avec un ballon rouge → **Die Kinder spielen mit einem roten Ball.**

Leçon 12: La Construction des Subordonnées

Les subordonnées sont essentielles pour exprimer des idées plus complexes en allemand. Il ne suffit pas de parler avec des phrases simples, il faut relier les idées grâce à des propositions subordonnées pour enrichir vos conversations et vos écrits. Cette leçon vous apprendra à reconnaître et construire correctement des subordonnées en allemand.

1. Qu'est-ce qu'une Subordonnée ?

Une subordonnée est une **proposition dépendante**, c'est-à-dire qu'elle ne peut pas exister seule. Elle est toujours liée à une proposition principale par un **mot subordonnant** (ou conjonction de subordination).

Exemple :

- **Ich weiß, dass du Deutsch lernst.**
  (*Je sais que tu apprends l'allemand.*)

Dans cet exemple :

- La proposition principale est **Ich weiß.** (*Je sais.*)

- La proposition subordonnée est **dass du Deutsch lernst.** (*que tu apprends l'allemand.*)

2. Règles de Base des Subordonnées en Allemand

1. **Verbe à la fin** : Dans une subordonnée, le **verbe conjugué** est toujours placé **à la fin de la proposition.**
   Exemple : **Ich hoffe, dass er kommt.** (*J'espère qu'il vient.*)

2. **Mot subordonnant en première position de la subordonnée** :
   La subordonnée commence par un **mot subordonnant**, comme *dass* (*que*), *weil* (*par ce que*), *wenn* (*si/quand*), etc.

3. **Ordre dans la phrase** : La subordonnée peut être placée avant ou après la proposition principale. Si elle est placée avant, le verbe conjugué de la proposition principale vient en **première position**.
   Exemple : **Weil er müde ist, bleibt er zu Hause.**
   (*Parce qu'il est fatigué, il reste à la maison.*)

3. Les Conjonctions de Subordination les Plus Courantes

Conjonction	Traduction	Exemple	Traduction
dass	que	Ich denke, dass er nett ist.	Je pense qu'il est gentil.
weil	parce que	Ich bleibe zu Hause, weil ich krank bin.	Je reste à la maison parce que je suis malade.
wenn	si/quand	Wenn es regnet, bleiben wir zu Hause.	S'il pleut, nous restons à la maison.
ob	si (question indirecte)	Ich weiß nicht, ob sie kommt.	Je ne sais pas si elle vient.
als	lorsque (événement passé unique)	Als ich ein Kind war, spielte ich viel.	Quand j'étais enfant, je jouais beaucoup.
damit	afin que/pour que	Er lernt viel, damit er die	Il étudie beaucoup, afin de

		Prüfung besteht.	réussir l'examen.
obwohl	bien que	Obwohl es kalt ist, geht er spazieren.	Bien qu'il fasse froid, il se promène.
während	pendant que/tandis que	Während sie schläft, arbeiten wir.	Pendant qu'elle dort, nous travaillons.
bevor	avant que	Bevor wir essen, waschen wir uns die Hände.	Avant de manger, nous nous lavons les mains.
nachdem	après que	Nachdem er gegessen hat, geht er ins Bett.	Après qu'il a mangé, il va au lit.

4. Exemples de Subordonnées en Contexte

1. *dass* (que) :

- **Ich glaube, dass er kommt.**
  (*Je crois qu'il vient.*)

2. *weil* (parce que) :

- **Er bleibt zu Hause, weil er krank ist.**
  (*Il reste à la maison parce qu'il est malade.*)

3. *wenn* (si, quand) :

- **Wenn ich Zeit habe, besuche ich dich.**
  (*Si j'ai le temps, je te rends visite.*)

4. *obwohl* (bien que) :

- **Obwohl er müde ist, geht er arbeiten.**
  (*Bien qu'il soit fatigué, il va travailler.*)

5. *damit* (afin que) :

- **Ich lerne Deutsch, damit ich in Deutschland arbeiten kann.**
  (*J'apprends l'allemand afin de pouvoir travailler en Allemagne.*)

6. *nachdem* (après que) :

- **Nachdem wir gegessen haben, gehen wir spazieren.**
  (*Après avoir mangé, nous allons nous promener.*)

5. Subordonnées avec les Verbes Modaux ou à Deux Verbes

Les subordonnées contenant des verbes modaux ou des verbes à particule (ou en structure infinitive) placent tous les **verbes conjugués à** la fin de la proposition, et l'infinitif en dernière position.

Exemple avec un Verbe Modal :

- Phrase principale : **Ich kann Deutsch sprechen.** (*Je peux parler allemand.*)

- Avec une subordonnée : **Ich glaube, dass ich Deutsch sprechen kann.** (*Je crois que je peux parler allemand.*)

Exemple avec Deux Verbes :

- Phrase principale : **Ich möchte nach Hause gehen.** (*Je veux aller à la maison.*)

- Avec une subordonnée : **Ich weiß, dass ich nach Hause gehen möchte.** (*Je sais que je veux aller à la maison.*)

6. Exercices Pratiques

Exercice 1 : Complétez avec la Conjonction Appropriée

Choisissez la bonne conjonction pour compléter les phrases :

1. Ich bin sicher, ___ er mich verstanden hat. (*que*)

2. Wir gehen spazieren, ___ die Sonne scheint. (*parce que*)

3. ___ ich die Prüfung bestehe, werde ich feiern. (*Si/quand*)

4. ___ er müde ist, arbeitet er weiter. (*Bien que*)

Exercice 2 : Réorganisez la Phrase

Réorganisez les phrases suivantes pour qu'elles respectent la structure correcte des subordonnées :

1. er / ich weiß nicht / hat / ob / Zeit.

2. wir essen / nachdem / haben / wir / gekocht.

3. er bleibt zu Hause / weil / ist / er / krank.

4. er geht spazieren / obwohl / regnet / es.

Exercice 3 : Traduisez en Allemand

Traduisez les phrases suivantes en allemand :

1. Je sais que tu es fatigué.

2. Bien qu'il fasse froid, nous allons à la plage.

3. Après avoir travaillé, ils mangent un gâteau.

4. Elle apprend l'allemand pour qu'elle puisse étudier en Allemagne.

7. Corrections des Exercices

Exercice 1 : Complétez avec la Conjonction Appropriée

1. Ich bin sicher, **dass** er mich verstanden hat.

2. Wir gehen spazieren, **weil** die Sonne scheint.

3. **Wenn** ich die Prüfung bestehe, werde ich feiern.

4. **Obwohl** er müde ist, arbeitet er weiter.

Exercice 2 : Réorganisez la Phrase

1. **Ich weiß nicht, ob er Zeit hat.** (*Je ne sais pas s'il a du temps.*)

2. **Nachdem wir gekocht haben, essen wir.** (*Après avoir cuisiné, nous mangeons.*)

3. **Er bleibt zu Hause, weil er krank ist.** (*Il reste à la maison parce qu'il est malade.*)

4. **Er geht spazieren, obwohl es regnet.** (*Il se promène bien qu'il pleuve.*)

Exercice 3 : Traduisez en Allemand

1. Je sais que tu es fatigué → **Ich weiß, dass du müde bist.**

2. Bien qu'il fasse froid, nous allons à la plage → **Obwohl es kalt ist, gehen wir an den Strand.**

3. Après avoir travaillé, ils mangent un gâteau → **Nachdem sie gearbeitet haben, essen sie einen Kuchen.**

4. Elle apprend l'allemand pour qu'elle puisse étudier en Allemagne → **Sie lernt Deutsch, damit sie in Deutschland studieren kann.**

Leçon 13: Les Verbes à Particule Séparable et Inséparable

Les verbes à particule sont une particularité fascinante de la langue allemande. Ces verbes, composés d'un radical et d'une particule (préfixe), changent parfois totalement de sens selon la particule utilisée. Dans cette leçon, nous allons explorer ces verbes, apprendre à les reconnaître, les conjuguer et comprendre leur fonctionnement.

1. Qu'est-ce qu'un Verbe à Particule ?

Un verbe à particule est composé de :

1. Une **particule** (ou préfixe) : *ab, an, auf, aus, bei, ein, m it*, etc.

2. Un **radical verbal**, souvent un verbe simple comme *kommen* (*venir*), *fah ren* (*aller/conduire*), *sehen* (*voir*), etc.

Exemple :

- Verbe simple : **kommen** (*venir*).

- Verbe à particule : **ankommen** (*arriver*), **mitk ommen** (*venir avec*), **zurückkommen** (*rev enir*).

2. Les Verbes à Particule Séparable

Caractéristiques :

1. La particule se **sépare** du verbe dans une phrase à la forme affirmative ou interrogative.

   - Exemple : **Ich komme *um 8 Uhr* an.** (*J'arrive à 8 heures.*)

   - La particule **an** est placée à la fin de la phrase.

2. Lorsque le verbe est à l'infinitif, au participe passé ou dans une subordonnée, la particule reste **attachée** au verbe.

- Infinitif : **ankommen** (*arriv er*).

- Participe passé : **angekommen** (*ar rivé*).

- Subordonnée : **Ich weiß, dass er *um 8 Uhr* ankommt.** (*Je sais qu'il arrive à 8 heures.*)

Quelques Particules Séparables et Leur Signification :

Parti cule	Tradu ction	Exemple	Tradu ction
an-	à/vers	**anfangen** (*co mmencer*)	Ich fange an. (*Je comm ence.*)
auf-	sur/ou verte	**aufstehen** (*se lever*)	Ich stehe auf. (*Je me lève.*)
aus-	hors de	**ausgehen** (*so rtir*)	Wir gehen aus. (*Nous sorton s.*)
bei-	auprès de/ave c	**beitreten** (*adh érer*)	Er tritt bei. (*Il rejoint.*)
mit-	avec	**mitkommen** (*venir avec*)	Komm st du mit? (*Tu

			viens avec ?)
nach-	après/ suivre	**nachfragen** (*se renseigner*)	Ich frage nach. (*Je me renseigne.*)
zurück-	retour	**zurückkommen** (*revenir*)	Er kommt zurück. (*Il revient.*)

Conjugaison des Verbes à Particule Séparable

Prenons comme exemple le verbe **aufstehen** (*se lever*).

- **Ich stehe auf.** (*Je me lève.*)

- **Du stehst auf.** (*Tu te lèves.*)

- **Er/Sie/Es steht auf.** (*Il/Elle/On se lève.*)

- **Wir stehen auf.** (*Nous nous levons.*)

- **Ihr steht auf.** (*Vous vous levez.*)

- **Sie stehen auf.** (*Ils/Elles/Vous [formel] se lèvent.*)

3. Les Verbes à Particule Inséparable

Caractéristiques :

1. La particule reste **attachée** au verbe, quelle que soit la forme grammaticale.

2. Les particules inséparables modifient généralement le sens du radical.

- Exemple : **verstehen** (*comprendre*).

  - **Ich verstehe Deutsch.** (*Je comprends l'allemand.*)

  - Ici, la particule v **er-** change e totalement le sens de *stehen* (*se tenir debout*).

Quelques Particules Inséparables et Leur Signification :

Particule	Traduction /Affixe courant	Exemple	Traduction
be-	rendre/entourer	**besuchen** (*visiter*)	Ich besuche dich.

ent-	retirer/éloigner	**entdecken** (*découvrir*)	Wir entdecken etwas Neues. (*Nous découvrons quelque chose de nouveau.*)
er-	accomplir/initier	**erreichen** (*atteindre*)	Er erreicht das Ziel. (*Il atteint son objectif.*)
ver-	transformation/négation	**verlieren** (*perdre*)	Ich habe meinen Schlüssel verloren. (*J'ai perdu ma clé.*)
zer-	destruction/dissolution	**zerstören** (*détruire*)	Die Stadt wurde zerstört. (*La

			ville a été détruite.)

Conjugaison des Verbes à Particule Inséparable

Prenons comme exemple le verbe **verstehen** (*comprendre*).

- **Ich verstehe.** (*Je comprends.*)

- **Du verstehst.** (*Tu comprends.*)

- **Er/Sie/Es versteht.** (*Il/Elle/On comprend.*)

- **Wir verstehen.** (*Nous comprenons.*)

- **Ihr versteht.** (*Vous comprenez.*)

- **Sie verstehen.** (*Ils/Elles/Vous [formel] comprennent.*)

4. Différences Entre Verbes Séparables et Inséparables

Exemple Comparatif :

- **ansehen** (*regarder*) → Séparable

  - **Ich sehe einen Film an.** (*Je regarde un film.*)

- **Ich habe einen Film angesehen.** (*J'ai regardé un film.*)

- **verstehen** (*comprendre*) → Inséparable

    - **Ich verstehe dich.** (*Je te comprends.*)

    - **Ich habe dich verstanden.** (*Je t'ai compris.*)

5. Exercices Pratiques

Exercice 1 : Identifiez le Type de Verbe

Dites si les verbes suivants sont **séparables** ou **inséparables** :

1. aufstehen

2. verstehen

3. zurückkommen

4. besuchen

5. anfangen

Exercice 2 : Complétez la Phrase

Complétez les phrases avec la bonne conjugaison du verbe :

1. Ich _____ (aufstehen) um 7 Uhr.

2. Er _____ (zurückkommen) morgen.

3. Wir _____ (verstehen) den Text nicht.

4. Sie _____ (anfangen) mit der Arbeit.

5. Ich _____ (besuchen) meine Großmutter am Sonntag.

Exercice 3 : Traduisez en Allemand

Traduisez les phrases suivantes :

1. Je commence à lire un livre.

2. Ils reviennent ce soir.

3. Nous visitons un musée après le travail.

4. Il se lève tôt tous les matins.

5. As-tu compris la question ?

6. Corrections des Exercices

Exercice 1 : Identifiez le Type de Verbe

1. aufstehen → **séparable**

2. verstehen → **inséparable**

3. zurückkommen → **séparable**

4. besuchen → **inséparable**

5. anfangen → **séparable**

Exercice 2 : Complétez la Phrase

1. Ich **stehe** um 7 Uhr **auf.**

2. Er **kommt** morgen **zurück.**

3. Wir **verstehen** den Text nicht.

4. Sie **fängt** mit der Arbeit **an.**

5. Ich **besuche** meine Großmutter am Sonntag.

Exercice 3 : Traduisez en Allemand

1. Je commence à lire un livre → **Ich fange an, ein Buch zu lesen.**

2. Ils reviennent ce soir → **Sie kommen heute Abend zurück.**

3. Nous visitons un musée après le travail → **Wir besuchen ein Museum nach der Arbeit.**

4. Il se lève tôt tous les matins → **Er steht jeden Morgen früh auf.**

5. As-tu compris la question ? → **Hast du die Frage verstanden?**

Leçon 14: L'Impératif en Allemand

L'impératif est une forme verbale utilisée pour donner des ordres, faire des suggestions, donner des conseils ou des instructions. En allemand, la construction de l'impératif varie en fonction de la personne à qui vous vous adressez. Cette leçon vous apprendra à construire des phrases à l'impératif pour chaque situation.

1. Quand Utiliser l'Impératif ?

L'impératif s'emploie pour :

- **Donner un ordre: Komm her!** (*Viens ici !*)

- **Faire une suggestion ou un conseil: Iss mehr Gemüse.** (*Mange plus de légumes.*)

- **Donner des instructions: Schreiben Sie Ihren Namen hier.** (*Écrivez votre nom ici.*)

- **Encourager ou motiver: Mach weiter!** (*Continue !*)

2. Constructions de l'Impératif

En allemand, l'impératif dépend de la personne à qui vous vous adressez :

1. **Forme "tu" (informel) :** utilisez le radical du verbe sans la terminaison **-st.** Exemple :

   - Infinitif : *kommen* (venir).

   - Impératif : **Komm!** (*Viens !*)

2. **Forme "ihr" (informel pluriel)** : utilisez la forme normale du verbe conjugé pour *ihr*.
Exemple :

- Infinitif : *kommen* (venir).

- Impératif : **Kommt!** (*Venez !*)

3. **Forme "Sie" (formelle, singulier ou pluriel)** : utilisez *Sie* et conjuguez le verbe au présent.
Exemple :

- Infinitif : *kommen* (venir).

- Impératif : **Kommen Sie!** (*Venez !*)

4. **Forme "wir" (inclusif)** : utilisez une forme impérative pour inclure la personne qui parle et celle à qui elle s'adresse (« *Faisons…* »).
Exemple :

- Infinitif : *kommen* (venir).

- Impératif : **Kommen wir!** (*Allons-y !*).

3. Règles Particulières

1. Les Verbes Forts avec Modification Vocalique (e → i/ie)

Certains verbes forts changent la voyelle **e** en **i** ou **ie** à la **forme "du"**.
Exemple :

- Infinitif : *lesen* (lire).

- **Lies das Buch!** (*Lis le livre !*).

Autre exemple :

- Infinitif : *essen* (manger).

- **Iss mehr!** (*Mange plus !*).

2. Les Verbes Séparables

Dans les verbes à particule séparable, la particule reste à la fin de la phrase.
Exemple :

- Infinitif : *aufstehen* (se lever).

- **Steh auf!** (*Lève-toi !*).

- **Steht auf!** (*Levez-vous !*).

- **Stehen Sie auf!** (*Levez-vous [formel] !*).

3. Les Verbes Modaux

Les verbes modaux ne sont pas souvent utilisés directement à l'impératif, mais peuvent être combinés avec d'autres verbes sous leur forme infinitive.
Exemple :

- **Du sollst mehr lernen!** (*Tu dois étudier davantage.*)

- **Können wir beginnen?** (*Pouvons-nous commencer ?*)

4. Impératif et Négation

Pour une phrase impérative négative (*Ne fais pas...*), placez **nicht** (ne... pas) après le verbe.

Exemple :

- **Geh nicht!** (*Ne pars pas !*)

- **Esst das nicht!** (*Ne mangez pas ça !*)

- **Machen Sie das nicht!** (*Ne faites pas ça !*)

5. Exercices Pratiques

Exercice 1 : Complétez avec le Verbe Correct

Complétez les phrases à l'impératif avec le bon verbe :

1. __ (lesen, "du") das Buch!

2. __ (kommen, "ihr") schnell hier!

3. __ (essen, "Sie") mehr Obst!

4. __ (aufstehen, "wir") früh morgen!

5. __ (bleiben, "du") zu Hause!

Exercice 2 : Négations à l'Impératif

Transformez les phrases suivantes en impératif négatif :

1. Mach deine Hausaufgaben!

2. Geh ins Kino!

3. Esst die Pizza!

Exercice 3 : Traduisez en Allemand

Traduisez les phrases suivantes :

1. Viens avec moi !

2. Lisez ce livre !

3. Ne mangez pas trop de chocolat !

4. Faisons une promenade !

5. Reposez-vous bien [formel].

6. Corrections des Exercices

Exercice 1 : Complétez avec le Verbe Correct

1. **Lies** das Buch! (*Lis le livre !*)

2. **Kommt** schnell hier! (*Venez vite ici !*)

3. **Essen Sie** mehr Obst! (*Mangez plus de fruits [formel] !*)

4. **Stehen wir** früh morgen auf! (*Levons-nous tôt demain !*)

5. **Bleib** zu Hause! (*Reste à la maison !*)

Exercice 2 : Négations à l'Impératif

1. **Mach** **nicht** deine Hausaufgaben! (*Ne fais pas tes devoirs !*)

2. **Geh nicht** ins Kino! (*Ne va pas au cinéma !*)

3. **Esst nicht** die Pizza! (*Ne mangez pas la pizza !*)

Exercice 3 : Traduisez en Allemand

1. Viens avec moi ! → **Komm mit mir!**

2. Lisez ce livre ! → **Lest dieses Buch!**

3. Ne mangez pas trop de chocolat ! → **Esst nicht zu viel Schokolade!**

4. Faisons une promenade ! → **Machen wir einen Spaziergang!**

5. Reposez-vous bien [formel] → **Ruhen Sie sich gut aus!**

Leçon 15: Les Temps Composés Avancés – Futur Parfait et Plus-Que-Parfait

Bravo pour votre progression ! Aujourd'hui, nous allons explorer deux temps composés avancés en allemand : **le Futur II** (*Futur Parfait*) et **le Plusquamperfekt** (*Plus-que-parfait*). Ces temps sont courants à l'écrit ou lorsqu'on parle d'actions passées ou futures dans un contexte complexe.

1. Qu'est-ce que le Futur II (Futur Parfait) ?

Définition :

Le Futur II est utilisé pour exprimer une action **qui sera achevée dans le futur**. On l'emploie souvent lorsqu'on anticipe une action terminée avant un autre fait futur.

Exemple :

- **Bis morgen werde ich die Arbeit erledigt haben.** (*D'ici demain, j'aurai terminé le travail.*)

Structure du Futur II :

Le Futur II se construit avec :

1. L'auxiliaire **werden**, conjugué au présent.

2. Le **participe passé** du verbe principal.

3. L'auxiliaire **haben** ou **sein** à l'infinitif, placé à la fin de la phrase.

Formule :

Sujet + werden (conjugué) + participes/compléments + haben/sein (infinitif)

Conjugaison de Werden (au Futur II) :

Sujet	Conjugaison de Werden	Exemple avec *essen* (manger)
Ich	werde	Ich werde gegessen haben. (*J'aurai mangé.*)
Du	wirst	Du wirst gegessen haben. (*Tu auras mangé.*)
Er/Sie/ Es	wird	Er wird gegessen haben. (*Il aura mangé.*)
Wir	werden	Wir werden gegessen haben. (*Nous aurons mangé.*)
Ihr	werdet	Ihr werdet gegessen haben. (*Vous aurez mangé.*)
Sie/sie	werden	Sie werden gegessen haben. (*Ils/elles auront mangé.*)

Exemples d'Utilisation :

Avec *haben* :

- **Bis nächste Woche werde ich das Buch gelesen haben.**
  (*D'ici la semaine prochaine, j'aurai lu le livre.*)

Avec *sein* :

- **In einer Stunde wirst du nach Hause gegangen sein.**
  (*Dans une heure, tu seras rentré à la maison.*)

2. Qu'est-ce que le Plusquamperfekt (Plus-Que-Parfait) ?

Le Plus-que-parfait est utilisé pour désigner une action qui était déjà achevée avant une autre action passée. C'est équivalent au plus-que-parfait français.

Exemple :

- **Nachdem er gegessen hatte, ging er ins Bett.**
  (*Après avoir mangé, il est allé se coucher.*)

Structure du Plusquamperfekt :

Le Plusquamperfekt se construit avec :

1. L'auxiliaire **haben** ou **sein** conjugué à l'imparfait (*Präteritum*).

2. Le **participe passé** du verbe principal.

Formule :

Sujet + hatte/war (imparfait) + participe passé

Conjugaison des Auxiliaires au Präteritum :

Sujet	Auxiliaire *haben* (avoir)	Auxiliaire *sein* (être)
Ich	hatte	war
Du	hattest	warst
Er/Sie /Es	hatte	war
Wir	hatten	waren

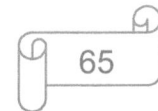

Ihr	hattet	wart
Sie/sie	hatten	waren

Exemples d'Utilisation :

Avec *haben* :

- **Ich hatte das Buch gelesen, bevor er angerufen hat.**
  (*J'avais lu le livre avant qu'il ne téléphone.*)

Avec *sein* :

- **Sie war nach Hause gegangen, bevor es dunkel wurde.**
  (*Elle était rentrée à la maison avant qu'il ne fasse nuit.*)

3. Différences Entre Les Deux Temps

Temps	Utilisation	Exemple
Futur II	Action future achevée avant un autre événement dans le futur.	**Ich werde die Hausaufgaben gemacht haben.** (*J'aurai fait les devoirs.*)
Plusquamperfekt	Action passée achevée avant une autre action passée.	**Nachdem ich gegessen hatte, bin ich spazieren gegangen.** (*Après avoir mangé, je suis allé me promener.*)

4. Exemples Pratiques

Futur II :

1. **Bis heute Abend werde ich alles vorbereitet haben.**
   (*D'ici ce soir, j'aurai tout préparé.*)

2. **Sie wird bis morgen den Brief geschrieben haben.**
   (*Elle aura écrit la lettre d'ici demain.*)

Plusquamperfekt :

1. **Ich hatte das Haus verlassen, bevor er gekommen ist.**
   (*J'avais quitté la maison avant qu'il n'arrive.*)

2. **Nachdem wir gegessen hatten, haben wir ferngesehen.**
   (*Après avoir mangé, nous avons regardé la télévision.*)

5. Exercices Pratiques

Exercice 1 : Complétez avec le Temps Correct

Ajoutez le verbe conjugué au **Futur II** ou au **Plusquamperfekt** selon le contexte :

1. Bis morgen ____ sie das Auto (verkaufen). (*futur parfait*)

2. Nachdem ich den Film ____ (sehen), bin ich ins Bett gegangen. (*plus-que-parfait*)

3. In zwei Stunden ____ wir in Berlin (ankommen). (*futur parfait*)

4. Nachdem er Deutsch ____ (lernen), hat er eine Prüfung geschrieben. (*plus-que-parfait*)

Exercice 2 : Traduisez en Allemand

Traduisez les phrases suivantes en allemand :

1. D'ici demain, j'aurai terminé ma présentation.

2. Après qu'il a mangé, il a lu un livre.

3. Dans une heure, ils auront déjà quitté la maison.

4. Nous avions visité le musée avant de rentrer chez nous.

6. Corrections des Exercices

Exercice 1 : Complétez avec le Temps Correct

1. Bis morgen **wird** sie das Auto **verkauft haben.**

2. Nachdem ich den Film **gesehen hatte**, bin ich ins Bett gegangen.

3. In zwei Stunden **werden** wir in Berlin **angekommen sein.**

4. Nachdem er Deutsch **gelernt hatte**, hat er eine Prüfung geschrieben.

Exercice 2 : Traduisez en Allemand

1. D'ici demain, j'aurai terminé ma présentation → **Bis morgen werde ich meine Präsentation beendet haben.**

2. Après qu'il a mangé, il a lu un livre → **Nachdem er gegessen hatte, hat er ein Buch gelesen.**

3. Dans une heure, ils auront déjà quitté la maison → **In einer Stunde werden sie das Haus schon verlassen haben.**

4. Nous avions visité le musée avant de rentrer chez nous → **Wir hatten das Museum besucht, bevor wir nach Hause gegangen sind.**

Leçon 16: Les Expressions Idiomatiques Courantes

Pour enrichir vos conversations et parler comme un natif, il est essentiel de connaître quelques **expressions idiomatiques**. Ces expressions figées ne doivent pas nécessairement être prises au sens littéral, car elles reflètent des images, des situations culturelles ou des habitudes propres à la langue allemande. Dans cette leçon, nous découvrirons des expressions idiomatiques courantes et leur usage.

1. Qu'est-ce qu'une Expression Idiomatique ?

Une expression idiomatique est une phrase ou une combinaison de mots dont le sens global ne peut pas être déduit directement du sens des mots individuels.
Exemple en français: "Avoir le cœur sur la main" (*être généreux*).

En allemand, ces expressions sont tout aussi imagées et reflètent souvent l'humour ou la logique particulière de la langue allemande.

2. Expressions Idiomatiques Courantes en Allemand

1. "Ich drücke dir die Daumen."

Traduction littérale: *Je te presse les pouces.*
Signification: Bonne chance ! / Je croise les doigts pour toi.
Usage: Utilisé pour souhaiter à quelqu'un de réussir dans une situation.

Exemple:

- **Viel Erfolg bei der Prüfung! Ich drücke dir die Daumen.**
(*Bonne chance pour l'examen ! Je croise les doigts pour toi.*)

2. "Es ist nicht mein Bier."

Traduction littérale: *Ce n'est pas ma bière.*
Signification: Ce n'est pas mon problème.
Usage: Pour dire que vous ne vous sentez pas concerné par une situation.

Exemple:

- **Was er macht, ist nicht mein Bier.**
(*Ce qu'il fait, ce n'est pas mon problème.*)

3. "Tomaten auf den Augen haben."

Traduction littérale: *Avoir des tomates sur les yeux.*
Signification: Ne pas voir quelque chose d'évident.
Usage: Utilisé pour dire qu'une personne ne remarque pas quelque chose sous son nez.

Exemple:

- **Hast du Tomaten auf den Augen? Der Schlüssel liegt auf dem Tisch!**
(*Tu ne vois pas clair ? La clé est sur la table !*)

4. "Die Katze im Sack kaufen."

Traduction littérale: *Acheter le chat dans le sac.*
Signification: Acheter quelque chose sans vérifier ou sans savoir ce que c'est.
Usage: Se dit d'une situation où une personne prend un risque en achetant à l'aveugle.

Exemple:

- **Ich werde das Auto nicht kaufen, ohne es zu testen. Ich kaufe doch keine Katze im Sack!**
  (*Je n'achèterai pas la voiture sans l'essayer. Je ne veux pas acheter à l'aveugle.*)

5. "Das ist mir Wurst."

Traduction littérale: *C'est une saucisse pour moi.*
Signification: Cela m'est égal.
Usage: Une manière décontractée de dire que vous êtes indifférent ou que cela ne vous importe pas.

Exemple:

- **Welche Farbe möchtest du? Blau oder grün? – Das ist mir Wurst.**
  (*Quelle couleur veux-tu ? Bleu ou vert ? – Ça m'est égal.*)

6. "Jemandem einen Bären aufbinden."

Traduction littérale: *Attacher un ours à quelqu'un.*

Signification: Raconter des mensonges ou des histoires invraisemblables.
Usage: Utilisé pour dire que quelqu'un exagère ou ment.

Exemple:

- **Glaub ihm nicht, er bindet dir nur einen Bären auf.**
  (*Ne le crois pas, il te raconte des salades.*)

7. "Schwein haben."

Traduction littérale: *Avoir du cochon.*
Signification: Avoir de la chance.
Usage: Une manière informelle de dire qu'une personne a eu de la chance.

Exemple:

- **Ich habe mein Flugzeug verpasst, aber es hatte Verspätung. Ich habe Schwein gehabt!**
  (*J'ai raté mon avion, mais il était en retard. J'ai eu de la chance !*)

8. "Aus einer Mücke einen Elefanten machen."

Traduction littérale: *Faire d'un moustique un éléphant.*
Signification: Exagérer une situation.
Usage: Pour critiquer quelqu'un qui dramatise ou exagère un problème.

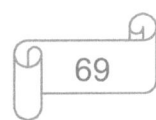

Exemple:

- Reg dich nicht auf, das ist doch kein Problem. Mach aus einer Mücke keinen Elefanten!

  (*Ne t'énerve pas, ce n'est pas un problème. N'exagère pas !*)

9. "Den Nagel auf den Kopf treffen."

Traduction littérale: *Toucher le clou sur la tête.*
Signification: Dire exactement ce qu'il fallait dire ou faire le bon choix.
Usage: Pour féliciter quelqu'un d'avoir bien analysé une situation ou d'avoir trouvé une solution.

Exemple:

- Das ist richtig. Du hast den Nagel auf den Kopf getroffen.

  (*C'est juste. Tu as mis dans le mille.*)

10. "Alles unter einen Hut bringen."

Traduction littérale: *Mettre tout sous un chapeau.*
Signification: Réconcilier ou équilibrer différentes choses.
Usage: Pour décrire l'effort d'organiser des priorités ou de rassembler des points de vue différents.

Exemple:

- Es ist schwer, Arbeit und Familie unter einen Hut zu bringen.

  (*Il est difficile d'équilibrer travail et famille.*)

3. Pourquoi Apprendre les Expressions Idiomatiques ?

Avantages :

a. **Amélioration de votre expression orale:** Les expressions idiomatiques rendent votre discours plus naturel et plus fluide.

b. **Communication culturelle:** Ces expressions reflètent souvent la mentalité et les valeurs culturelles des locuteurs natifs.

c. **Compréhension des natifs:** Les Allemands utilisent ces expressions régulièrement dans leurs conversations quotidiennes.

4. Exercices Pratiques

Exercice 1 : Associez l'Expression à sa Signification

Associez chaque expression à sa signification :

1. Ich drücke dir die Daumen

2. Tomaten auf den Augen haben

3. Aus einer Mücke einen Elefanten machen

4. Das ist mir Wurst

5. Die Katze im Sack kaufen

a. Exagérer une situation
b. Acheter quelque chose sans vérifier
c. Cela m'est égal
d. Souhaiter bonne chance
e. Ne pas voir quelque chose d'évident

Exercice 2 : Complétez avec l'Expression Appropriée

Complétez les phrases en choisissant la bonne expression :

1. Was er macht, ___ (ce n'est pas mon problème).

2. Du hast wirklich großes Glück gehabt. Du hast ___ (avoir de la chance).

3. Reg dich nicht so auf! Du sollst ___ (ne pas exagérer).

4. Viel Erfolg bei deinem Vorstellungsgespräch! Ich ___ (souhaiter bonne chance).

Exercice 3 : Traduisez en Allemand

Traduisez les phrases suivantes :

1. Ne dramatise pas !

2. Tu as eu beaucoup de chance.

3. Ce qu'il fait ne me concerne pas.

4. Je ne vais pas acheter quelque chose sans vérifier.

5. Corrections des Exercices

Exercice 1 : Associez l'Expression à sa Signification

1. Ich drücke dir die Daumen → **d. Souhaiter bonne chance**

2. Tomaten auf den Augen haben → **e. Ne pas voir quelque chose d'évident**

3. Aus einer Mücke einen Elefanten machen → **a. Exagérer une situation**

4. Das ist mir Wurst → **c. Cela m'est égal**

5. Die Katze im Sack kaufen → **b. Acheter quelque chose sans vérifier**

Exercice 2 : Complétez avec l'Expression Appropriée

1. Was er macht, **ist nicht mein Bier**.

2. Du hast wirklich großes Glück gehabt. Du hast **Schwein gehabt**.

3. Reg dich nicht so auf! Du sollst **aus einer Mücke keinen Elefanten machen**.

4. Viel Erfolg bei deinem Vorstellungsgespräch!
Ich **drücke dir die Daumen**.

Exercice 3 : Traduisez en Allemand

1. Ne dramatise pas ! → **Mach aus einer Mücke keinen Elefanten!**

2. Tu as eu beaucoup de chance. → **Du hast viel Schwein gehabt.**

3. Ce qu'il fait ne me concerne pas. → **Was er macht, ist nicht mein Bier.**

4. Je ne vais pas acheter quelque chose sans vérifier. → **Ich werde keine Katze im Sack kaufen.**

Leçon 17: Les Nuances de la Prononciation Allemande

La prononciation en allemand est fondamentale pour se faire comprendre. Bien que beaucoup de sons allemands soient proches de ceux du français, certains sons spécifiques et particularités phonétiques (lettres modifiées comme *ä, ö, ü* ou le fameux *ß*) peuvent être difficiles pour les débutants. Dans cette leçon, nous explorerons les bases de la prononciation allemande, avec un focus sur les sons distincts et les pièges courants.

1. Pourquoi la Prononciation Allemande est-elle Importante ?

Même si l'allemand est une langue logique et phonétique (les mots se prononcent presque toujours comme ils s'écrivent), une mauvaise prononciation peut entraîner des malentendus. Par exemple :

- **schön** (*beau*) et **schon** (*déjà*) n'ont pas le même sens, mais leur prononciation est similaire pour un francophone mal entraîné.

2. Les Sons de Base en Allemand

Les Voyelles Simples : a, e, i, o, u

En allemand, les voyelles peuvent être **courtes** ou **longues**, ce qui modifie leur prononciation.

Lettre	Courte	Longue	Exemple	Traduction
a	[a] (comme dans "chat")	[aː] (plus long)	**Mann** (*homme*) / **Vater** (*père*)	
e	[ɛ] (comme dans "clé")	[eː] (comme dans "clé")	**Bett** (*lit*) / **Tee** (*thé*)	

	"fête")			
i	[ɪ] (comme dans "vite")	[iː] (comme dans "lit")	**Kind** (*enfant*) / **Igel** (*hérisson*)	
o	[ɔ] (comme dans "fort")	[oː] (comme dans "beau")	**Oft** (*souvent*) / **Brot** (*pain*)	
u	[ʊ] (comme dans "route")	[uː] (plus long, comme "bouche")	**Mutter** (*mère*) / **Schule** (*école*)	

Les Voyelles Umlaut : ä, ö, ü

Ces voyelles modifiées (*Umlaut*) se distinguent des voyelles simples par leur son.

Lettre	Son	Exemple	Traduction
ä	[ɛ] (comme dans "fête") OU [eː]	**Mädchen** (*fille*)	
ö	[ø] (comme dans "peur")	**schön** (*beau*)	
ü	[y] (comme dans "lune", mais plus fermé)	**über** (*au-dessus*)	

Astuce: Pour prononcer *ü* et *ö* :

- Pour *ü*, commencez par faire un "i" et arrondissez vos lèvres comme si vous alliez dire "u".

- Pour *ö*, commencez par faire un "e" et arrondissez vos lèvres comme pour le "o".

3. Consonnes Importantes en Allemand

Le "ch"

Le son **ch** varie en fonction des lettres qui le précèdent :

1. Après *i, e, au* → Son doux : [ç] (entre le "ch" français et le "h").
   Exemple : **ich** (*je*), **bäche** (*ruisseaux*).

2. Après *a, o, u* → Son guttural : [x] (comme le "j" espagnol).
   Exemple : **Buch** (*livre*), **machen** (*faire*).

Le "r"

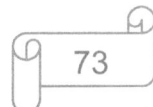

Le **r** en allemand est souvent guttural, prononcé dans la gorge (comme en français, mais plus léger). Lorsqu'il est à la fin d'une syllabe, il se prononce souvent comme un [ɐ] ("e" légèrement roulé).
Exemple : **Brot** (*pain*, guttural) mais **Lehrer** (*enseignant*, léger).

Le "s"

1. En début de mot suivi d'une voyelle → Se prononce [z] (comme un *z*). Exemple : **Sonne** (*soleil*).

2. Entre voyelles ou dans d'autres cas → Se prononce [s] (comme en français). Exemple : **Haus** (*maison*).

Le "ß" (Eszett ou "scharfes S")

Le **ß** se prononce [s] comme un simple "s", mais il est utilisé à la place de *ss* dans certains cas (notamment après une voyelle longue). Exemple :

*   **Straße** (*rue*).

*   **Grüßen** (*saluer*).

4. Syllabes et Intonations

L'accent tonique (stress) est souvent placé sur la **première syllabe** d'un mot allemand, mais il existe des exceptions (notamment avec les verbes à particule).

Exemple:

*   **ARbeiten** (*travailler*).

*   **verSTEhen** (*comprendre*).

5. Exercices de Prononciation : Sons Difficiles

1. Le Son Umlaut "ü"

Prononcez ces mots avec soin :

*   **über** (*au-dessus*).

*   **früh** (*tôt*).

*   **Müll** (*déchet*).

2. Le Son Guttural "ch"

Pratiquez les différences :

*   Doux : **ich**, **kirsche** (*cerise*).

*   Guttural : **Buch**, **machen** (*faire*).

3. Les Consonnes Pièges

Essayez de prononcer :

*   **Straße** (*rue*).

*   **das Haus** (*la maison*).

*   **Zug** (*train*).

6. Exercices Pratiques

Exercice 1 : Associez les Sons aux Mots

Associez chaque son à l'exemple correspondant :

1. [x]

2. [z]

3. [y]

4. [ß]

a. schön
b. ich
c. Zug
d. Straße

Exercice 2 : Lisons ces Phrases

Lisez à haute voix les phrases suivantes :

1. Ich möchte ein Buch kaufen.

2. Die Schüler lernen Deutsch.

3. Er hat die Straße überquert.

Exercice 3 : Prononciation Umlaut

Traduisez et prononcez les mots suivants :

1. Beau (*schön*).

2. Tôt (*früh*).

3. Au-dessus (*über*).

7. Corrections des Exercices

Exercice 1 : Associez les Sons aux Mots

1. → **ich**.

2. [z] → **Zug**.

3. [y] → **schön**.

4. [ß] → **Straße**.

Exercice 2 : Lisons ces Phrases

1. **Ich möchte ein Buch kaufen.** (*Je voudrais acheter un livre.*)

2. **Die Schüler lernen Deutsch.** (*Les élèves apprennent l'allemand.*)

3. **Er hat die Straße überquert.** (*Il a traversé la rue.*)

Exercice 3 : Prononciation Umlaut

1. Beau → **schön** ([ø]).

2. Tôt → **früh** ([y]).

3. Au-dessus → **über** ([y]).

Leçon 18: Les Prépositions et Verbes avec Cas Dédiés

Dans cette leçon, nous allons explorer un aspect essentiel de la grammaire allemande : les **prépositions** et les **verbes qui exigent des cas spécifiques**. Ces règles peuvent sembler complexes au début, mais elles sont indispensables pour construire des phrases grammaticalement correctes. Les prépositions et certains verbes imposent l'utilisation du **datif**, de l'**accusatif**, ou parfois du **génitif**.

1. Les Prépositions et Leur Cas

1.1 Prépositions avec l'Accusatif

Certaines prépositions sont toujours suivies de l'**accusatif**.

Préposition	Traduction	Exemple
durch	à travers	**Ich gehe durch den Park.** (Je traverse le parc.)
für	pour	**Das ist für dich.** (C'est pour toi.)
gegen	contre	**Ich bin gegen die Idee.** (Je suis contre l'idée.)
ohne	sans	**Ich gehe ohne meinen Bruder.** (Je pars sans mon frère.)
um	autour de/à	**Wir sitzen um den Tisch.** (Nous sommes assis autour de la table.)

Astuce: Apprenez ces prépositions par cœur, car elles exigent toujours l'accusatif.

1.2 Prépositions avec le Datif

Certaines prépositions sont toujours suivies du **datif**.

Préposition	Traduction	Exemple
aus	de (provenance)	**Er kommt aus dem Haus.** (Il sort de la maison.)
bei	chez	**Ich arbeite bei meinem Vater.** (Je travaille chez mon père.)
mit	avec	**Ich fahre mit dem Auto.** (Je vais en voiture.)
nach	vers/après	**Wir fahren nach Deutschland.** (Nous allons en Allemagne.)
seit	depuis	**Er wohnt seit einem Jahr hier.** (Il habite ici depuis un an.)
von	de/provenance	**Das Geschenk ist von meiner Mutter.** (Le cadeau vient de ma mère.)
zu	chez/vers	**Ich gehe zu meinem Freund.** (Je vais chez mon ami.)

1.3 Prépositions avec le Génitif

Les prépositions avec le génitif sont moins fréquentes et souvent réservées à un registre formel ou écrit.

Préposition	Traduction	Exemple
während	pendant	**Während des Essens rief er an.** (Pendant le repas, il a appelé.)
wegen	à cause de	**Wegen des Wetters bleibe ich zu Hause.** (À cause du temps, je

		reste à la maison.)
trotz	malgré	**Trotz des Regens gehen wir spazieren.** (Mal gré la pluie, nous nous promenons.)
anstatt	au lieu de	**Anstatt des Autos nehme ich das Fahrrad.** (Au lieu de la voiture, je prends le vélo.)

in	dans	**Ich gehe in die Schule.** (Je vais à l'école.)	**Ich bin in der Schule.** (Je suis dans l'école.)

Astuce: Posez les questions suivantes pour déterminer le cas :

- **WO?** (Où ? → Datif : position)

- **Wohin?** (Où vers ? → Accusatif : mouvement)

1.4 Prépositions à Double Régime : Accusatif ou Datif

Certaines prépositions changent de cas selon qu'elles expriment une **position** (*datif*) ou un **mouvement/destination** (*accusatif*).

Préposition	Traduction	Accusatif (destination)	Datif (position)
an	à/contre	**Ich gehe an den Tisch.** (Je vais à la table.)	**Ich bin am Tisch.** (Je suis près de la table.)
auf	sur	**Ich lege das Buch auf den Tisch.** (Je pose le livre sur la table.)	**Das Buch liegt auf dem Tisch.** (Le livre est sur la table.)

2. Les Verbes qui Exigent un Cas

2.1 Verbes qui Prennent le Datif

Certains verbes nécessitent obligatoirement que leur complément soit au datif.

Verbe	Traduction	Exemple
helfen	aider	**Ich helfe meinem Freund.** (J'aide mon ami.)
danken	remercier	**Ich danke dir.** (Je te remercie.)
gehören	appartenir	**Das Buch gehört mir.** (Le livre m'appartient.)
antworten	répondre	**Er antwortet mir.** (Il me répond.)
gefallen	plaire	**Das gefällt mir.** (Ça me plaît.)

2.2 Verbes qui Prennent le Génitif

Moins fréquents, certains verbes demandent le génitif (registre formel).

Verbe	Traduction	Exemple
sich erinnern (an)	se souvenir	**Ich erinnere mich des Tages.** (Je me souviens du jour.)
bedürfen	nécessiter	**Das bedarf einer Erklärung.** (Cela nécessite une explication.)

3. Exemples Pratiques

Exemple 1 : Prépositions et Accusatif

- **Ich gehe durch den Park.** (*Je traverse le parc.*)

- **Das Geschenk ist für meine Mutter.** (*Le cadeau est pour ma mère.*)

Exemple 2 : Prépositions et Datif

- **Ich gehe zu meinem Freund.** (*Je vais chez mon ami.*)

- **Wir fahren nach Berlin.** (*Nous allons à Berlin.*)

Exemple 3 : Prépositions à Double Régime

- Accusatif (mouvement) : **Ich stelle den Stuhl neben den Tisch.** (*Je place la chaise à côté de la table.*)

- Datif (position) : **Der Stuhl steht neben dem Tisch.** (*La chaise est à côté de la table.*)

4. Exercices Pratiques

Exercice 1 : Complétez avec le Bon Cas

Complétez les phrases en choisissant le bon cas : accusatif, datif ou génitif.

1. Ich gehe ___ (durch) ___ Park.

2. Das Auto steht ___ (vor) ___ Haus.

3. Wegen ___ (die) Arbeit komme ich spät.

Exercice 2 : Prépositions à Double Régime

Complétez les phrases avec le bon cas et la bonne préposition :

1. Ich gehe ___ ___ Tisch. (*vers la table*)

2. Das Buch liegt ___ ___ Stuhl. (*sur la chaise*)

Exercice 3 : Verbes et Cas Dédiés

Complétez les phrases avec le verbe et cas appropriés :

1. Ich ___ (aider) ___ Freund.

2. Das Buch ___ (appartenir) ___ mir.

3. Ich ___ (remercier) ___ Lehrerin.

5. Corrections des Exercices

Exercice 1 : Complétez avec le Bon Cas

1. Ich gehe **durch den** Park. (*accusatif*)

2. Das Auto steht **vor dem** Haus. (*datif*)

3. Wegen **der** Arbeit komme ich spät. (*génitif*)

Exercice 2 : Prépositions à Double Régime

1. Ich gehe **an den** Tisch. (*accusatif : mouvement*)

2. Das Buch liegt **auf dem** Stuhl. (*datif : position*)

Exercice 3 : Verbes et Cas Dédiés

1. Ich **helfe meinem** Freund. (*datif*)

2. Das Buch **gehört mir**. (*datif*)

3. Ich **danke meiner** Lehrerin. (*datif*)

Leçon 19 : Les Connecteurs Logiques en Allemand

Pour exprimer des idées complexes, structurer vos pensées, et rendre votre discours fluide, il est crucial d'utiliser des **connecteurs logiques**. Ces petits mots et expressions permettent de relier des phrases, d'ajouter des détails, de comparer des idées ou de démontrer une logique.

Dans cette leçon, nous découvrirons les connecteurs les plus courants en allemand, leur usage et leurs particularités.

1. Les Types de Connecteurs Logiques

Les connecteurs peuvent être organisés en plusieurs catégories selon leur fonction :

1. **Addition** : pour ajouter des informations.

2. **Comparaison et Contraste** : pour comparer ou opposer des idées.

3. **Cause et Conséquence** : pour exprimer une raison ou un effet.

4. **But** : pour exprimer une intention ou un objectif.

5. **Condition et Hypothèse** : pour poser des conditions ou hypothèses.

6. **Temps** : pour indiquer une relation temporelle.

2. Liste des Connecteurs et Leur Utilisation

2.1 Connecteurs pour l'Addition

Pour ajouter une idée ou une information.

Connecteur	Traduction	Exemple	Traduction
und	et	Ich trinke Kaffee und esse Kuchen.	Je bois du café et je mange du gâteau.
außerdem	en outre, de plus	Ich lerne Deutsch, außerdem spreche ich Englisch.	J'apprends l'allemand, de plus je parle anglais.
sowie	ainsi que	Ich mag Fußball sowie Basketball.	J'aime le football ainsi que le basketball.

2.2 Connecteurs pour la Comparaison et le Contraste

Pour exprimer des similarités ou des différences.

Connecteur	Traduction	Exemple	Traduction
aber	mais	Ich mag Pizza, aber ich mag keinen Fisch.	J'aime la pizza, mais je n'aime pas le poisson.
doch	cependant, pourtant	Er wollte kommen, doch er hatte keine Zeit.	Il voulait venir, mais il n'avait pas le temps.
im Gegensatz zu	contrairement à	Im Gegensatz zu dir mag ich Kaffee.	Contrairement à toi, j'aime le café.

2.3 Connecteurs pour la Cause et la Conséquence

Pour indiquer une relation de cause à effet.

Connecteur	Traduction	Exemple	Traduction
weil	parce que	Ich bleibe zu Hause, weil ich krank bin.	Je reste à la maison parce que je suis malade.
deshalb	c'est pourquoi	Ich habe Hunger, deshalb esse	J'ai faim, c'est pourquoi je mange maintenant.

		ich jetzt.	
denn	car	Ich gehe schlafen, denn ich bin müde.	Je vais dormir, car je suis fatigué.

2.4 Connecteurs pour le But

Pour indiquer une intention ou un objectif.

Connecteur	Traduction	Exemple	Traduction
damit	afin que	Ich lerne Deutsch, damit ich in Deutschland arbeiten kann.	J'apprends l'allemand afin de pouvoir travailler en Allemagne.
um ... zu	pour, afin de	Ich trainiere, um fit zu bleiben.	Je m'entraîne pour rester en forme.

2.5 Connecteurs pour la Condition et l'Hypothèse

Pour poser des conditions ou exprimer des hypothèses.

Connecteur	Traduction	Exemple	Traduction
wenn	si/quand	Wenn es regnet	S'il pleut, nous

		, bleiben wir zu Hause.	restons à la maison.
falls	au cas où	Falls du Zeit hast, können wir uns treffen.	Au cas où tu aurais du temps, on peut se rencontrer.
sofern	pour autant que	Sofern es möglich ist, komme ich mit.	Pour autant que ce soit possible, je viens avec toi.

2.6 Connecteurs pour le Temps

Pour décrire une relation temporelle.

Connecteur	Traduction	Exemple	Traduction
während	pendant que	Während ich koche, hört er Musik.	Pendant que je cuisine, il écoute de la musique.
nachdem	après que	Nachdem wir gegessen hatten, gingen wir spazieren.	Après avoir mangé, nous sommes allés nous promener.
bevor	avant que	Bevor ich ins Bett	Avant d'aller au lit, je

		gehe, lese ich ein Buch.	lis un livre.

3. Particularités Grammatiques des Connecteurs

1. **Position du Verbe:** Avec certains connecteurs comme **weil, wenn, bevor**, le verbe conjugué est placé à la **fin de la proposition subordonnée**.
   Exemple: Ich bleibe zu Hause, **weil ich müde bin**.

2. **Inversion Sujet-Verbe:** Avec des connecteurs comme **deshalb, danach, dafür**, le verbe et le sujet s'inversent dans la phrase.
   Exemple: Ich habe Hunger, **deshalb esse ich jetzt**.

4. Exercices Pratiques

Exercice 1 : Complétez la Phrase

Utilisez le connecteur approprié pour compléter les phrases :

1. Ich lerne viel, ___ ich die Prüfung bestehen möchte. (*afin que*)

2. ___ ich die Prüfung bestanden habe, mache ich Urlaub. (*après que*)

3. Wir bleiben zu Hause, ___ es regnet. (*parce que*)

Exercice 2 : Traduisez en Allemand

1. Je mange parce que j'ai faim.

2. Après avoir travaillé, il est parti se promener.

3. S'il fait beau demain, nous irons à la plage.

6. Corrections des Exercices

Exercice 1 : Complétez la Phrase

1. Ich lerne viel, **damit** ich die Prüfung bestehen möchte.

2. **Nachdem** ich die Prüfung bestanden habe, mache ich Urlaub.

3. Wir bleiben zu Hause, **weil** es regnet.

Exercice 2 : Traduisez en Allemand

1. Je mange parce que j'ai faim → **Ich esse, weil ich Hunger habe.**

2. Après avoir travaillé, il est parti se promener → **Nachdem er gearbeitet hatte, ging er spazieren.**

3. S'il fait beau demain, nous irons à la plage → **Wenn es morgen schön ist, gehen wir an den Strand.**

Leçon 20 : Le Vocabulaire du Voyage et de la Communication

Dans cette leçon, nous allons explorer le **vocabulaire essentiel pour voyager** dans un pays germanophone et **communiquer facilement** dans différentes situations.

Que ce soit pour demander votre chemin, réserver une chambre, commander dans un restaurant ou discuter avec des locaux, ces phrases et mots vous seront très utiles.

1. À l'Aéroport / À la Gare

Mots et Expressions Clés :

Allemand	Français
der Flughafen	l'aéroport
der Zug	le train
das Flugzeug	l'avion
der Fahrplan	l'horaire (des trains)
das Gepäck	les bagages
die Bordkarte	la carte d'embarquement
das Ticket	le billet
der Flug	le vol
die Abfahrt / der Abflug	le départ (train/avion)
die Ankunft	l'arrivée
der Anschluss	la correspondance
die Verspätung	le retard

Phrases Pratiques :

1. **Wo ist der Flughafen?**
   (Où se trouve l'aéroport ?)

2. **Wann fährt der nächste Zug nach Berlin ab ?**
   (À quelle heure part le prochain train pour Berlin ?)

3. **Ich habe mein Gepäck verloren.**
   (J'ai perdu mes bagages.)

4. **Kann ich bitte eine Bordkarte bekommen?**
   (Puis-je avoir une carte d'embarquement, s'il vous plaît ?)

5. **Hat der Zug eine Verspätung?**
   (Le train est-il en retard ?)

2. À l'Hôtel

Mots et Expressions Clés :

Allemand	Français
das Hotel	l'hôtel
das Zimmer	la chambre
die Rezeption	la réception
der Schlüssel	la clé
das Einzelzimmer	la chambre simple
das Doppelzimmer	la chambre double
mit Frühstück	avec petit-déjeuner
der Preis	le prix
die Reservierung	la réservation
die Rechnung	la facture

Phrases Pratiques :

1. **Haben Sie ein freies Zimmer?**
   (Avez-vous une chambre de libre ?)

2. **Ich habe eine Reservierung auf den Namen Müller.**

(J'ai une réservation au nom de Müller.)

3. **Wie viel kostet ein Doppelzimmer pro Nacht?**
   (Combien coûte une chambre double par nuit ?)

4. **Können Sie mir bitte die Rechnung geben?**
   (Pouvez-vous me donner la facture, s'il vous plaît ?)

5. **Wo ist das Frühstück?**
   (Où est le petit-déjeuner ?)

3. Au Restaurant

Mots et Expressions Clés :

Allemand	Français
das Restaurant	le restaurant
die Speisekarte	le menu
das Getränk	la boisson
der Kellner / die Kellnerin	le serveur/la serveuse
die Rechnung	l'addition
das Trinkgeld	le pourboire
das Wasser	l'eau
das Bier	la bière
das Hauptgericht	le plat principal
die Vorspeise	l'entrée
der Nachtisch	le dessert

Phrases Pratiques :

1. **Können Sie mir die Speisekarte bringen?**
   (Pouvez-vous m'apporter le menu ?)

2. **Ich möchte ein Wasser, bitte.**

(Je voudrais de l'eau, s'il vous plaît.)

3. **Was empfehlen Sie?**
   (Que recommandez-vous ?)

4. **Die Rechnung, bitte.**
   (L'addition, s'il vous plaît.)

5. **Ist der Service inbegriffen?**
   (Le service est-il compris ?)

4. Demander son Chemin

Mots et Expressions Clés :

Allemand	Français
Wo	Où
Wie komme ich zu...?	Comment puis-je aller à...?
links	à gauche
rechts	à droite
geradeaus	tout droit
die Straße	la rue
die Kreuzung	le carrefour
die Haltestelle	l'arrêt (de bus/tram)
die U-Bahn	le métro
der Bahnhof	la gare

Phrases Pratiques :

1. **Wo ist die nächste U-Bahn-Station?**
   (Où se trouve la station de métro la plus proche ?)

2. **Kann ich zu Fuß dorthin gehen?**
   (Puis-je y aller à pied ?)

3. **Ist es weit von hier?**
   (Est-ce loin d'ici ?)

4. **Gehen Sie geradeaus und dann nach links.**
   (*Allez tout droit puis tournez à gauche.*)

5. **Wie komme ich zum Bahnhof?**
   (*Comment puis-je aller à la gare ?*)

5. Faire du Shopping

Mots et Expressions Clés :

Allemand	Français
das Geschäft	le magasin
der Laden	la boutique
der Supermarkt	le supermarché
die Apotheke	la pharmacie
die Kleidung	les vêtements
die Schuhe	les chaussures
der Preis	le prix
der Rabatt	la réduction
die Kasse	la caisse
die Quittung	le reçu

Phrases Pratiques :

1. **Wie viel kostet das?**
   (*Combien ça coûte ?*)

2. **Haben Sie das in einer anderen Größe/Farbe?**
   (*L'avez-vous dans une autre taille/couleur ?*)

3. **Gibt es hier Rabatt?**
   (*Y a-t-il une réduction ici ?*)

4. **Kann ich mit Karte zahlen?**
   (*Puis-je payer par carte ?*)

5. **Ich möchte eine Quittung, bitte.**
   (*Je voudrais un reçu, s'il vous plaît.*)

6. Phrases pour Briser la Glace

Quand vous voyagez, ces phrases peuvent vous aider à engager la conversation avec des locaux.

Allemand	Français
Guten Tag! / Hallo! / Servus!	Bonjour / Salut !
Wie geht's? / Wie geht es Ihnen?	Comment ça va ?
Ich komme aus Frankreich.	Je viens de France.
Sprechen Sie Englisch?	Parlez-vous anglais ?
Können Sie mir helfen?	Pouvez-vous m'aider ?
Das gefällt mir sehr.	J'aime beaucoup cela.
Es tut mir leid.	Je suis désolé.
Danke schön! / Vielen Dank!	Merci beaucoup !
Auf Wiedersehen! / Tschüss!	Au revoir / Salut !

7. Exercices Pratiques

Exercice 1 : Complétez la Phrase

Complétez les phrases avec le bon mot en allemand :

1. Wie viel kostet ____ Wasser?
   (*l'eau*)

2. Ich möchte ein ___zimmer reservieren. (*chambre simple*)

3. Wo ist die nächste ___-Station? (*station de métro*)

4. Können Sie mir ___ Straße zeigen? (*la rue*)

5. Gibt es einen ___ (rabais) auf dieses Hemd?

Exercice 2 : Traduisez en Allemand

1. Où se trouve la gare ?

2. Combien coûte ce billet ?

3. Pouvez-vous me recommander un restaurant ?

4. Je voudrais une chambre avec petit-déjeuner.

5. Comment puis-je aller à l'aéroport ?

8. Corrections des Exercices

Exercice 1 : Complétez la Phrase

1. Wie viel kostet **das** Wasser?

2. Ich möchte ein **Einzelzimmer** reservieren.

3. Wo ist die nächste **U-Bahn-**Station?

4. Können Sie mir **die** Straße zeigen?

5. Gibt es einen **Rabatt** auf dieses Hemd?

Exercice 2 : Traduisez en Allemand

1. Où se trouve la gare ? → **Wo ist der Bahnhof?**

2. Combien coûte ce billet ? → **Wie viel kostet dieses Ticket?**

3. Pouvez-vous me recommander un restaurant ? → **Können Sie mir ein Restaurant empfehlen?**

4. Je voudrais une chambre avec petit-déjeuner. → **Ich möchte ein Zimmer mit Frühstück.**

5. Comment puis-je aller à l'aéroport ? → **Wie komme ich zum Flughafen?**

Leçon 21 : Les Bases de l'Écriture Formelle en Allemand

Dans cette leçon, nous allons nous concentrer sur les **bases de l'expression écrite formelle en allemand**. Qu'il s'agisse d'écrire un e-mail, une lettre professionnelle, ou un document officiel, il est essentiel de maîtriser les structures et expressions appropriées. L'allemand est une langue très codifiée, et il est important d'adopter un ton respectueux et formel dans vos communications écrites.

1. Les Conventions Générales de l'Écriture Formelle

1.1 Les Salutations

Les salutations dans une lettre ou un e-mail formel diffèrent légèrement des salutations informelles.

Salutations Formelles	Traduction
Sehr geehrte Frau [Nom],	Madame [Nom], très respecté(e)
Sehr geehrter Herr [Nom],	Monsieur [Nom], très respecté
Sehr geehrte Damen und Herren,	Mesdames, Messieurs (si on ne connaît pas le nom du destinataire).

Remarque:

- La formule **"Sehr geehrte/r"** est standard pour toute correspondance formelle en allemand.

- N'oubliez pas la virgule , après la salutation.

1.2 Structure Générale

L'écriture formelle suit une structure claire et logique :

1. **En-tête avec les coordonnées (si lettre écrite).**

2. **Salutation formelle (Sehr geehrte/r ...).**

3. **Introduction:** Expliquez l'objectif de votre message.

4. **Développement:** Fournissez les détails nécessaires.

5. **Conclusion:** Posez une question ou demandez une réponse si nécessaire, et précisez ce que vous attendez.

6. **Formule de politesse de fin.**

7. **Signature.**

2. Expressions Clés pour l'Écriture Formelle

2.1 Introduction

Allemand	Traduction
Mit Bezug auf Ihre Anzeige...	En référence à votre annonce…
Ich schreibe Ihnen, um...	Je vous écris pour…
Hiermit möchte ich mich bewerben.	Par la présente, je souhaite postuler.

2.2 Développement

Allemand	Traduction
Könnten Sie mir bitte weitere Informationen zusenden?	Pourriez-vous m'envoyer plus d'informations, s'il vous plaît ?
Ich möchte Sie darüber informieren, dass...	Je souhaite vous informer que…
Falls Sie weitere Fragen haben, stehe ich Ihnen gerne zur Verfügung.	Si vous avez d'autres questions, je suis à votre disposition.

3. Exemple de Lettre Formelle

Sujet: Candidature pour un poste

Max Müller
Musterstraße 5
10115 Berlin
Deutschland

Unternehmen XYZ
Personalabteilung
Hauptstraße 10
10117 Berlin

13. Februar 2025

Betreff: Bewerbung als Marketing-Assistent

Sehr geehrte Frau Meier,

Mit Bezug auf Ihre Stellenanzeige auf Ihrer Website möchte ich mich hiermit um die Stelle als Marketing-Assistent bewerben.

Ich bringe über 3 Jahre Berufserfahrung im Bereich Marketing mit und habe umfangreiche Kenntnisse in der Erstellung von Kampagnenstrategien sowie in der Pflege von Kundenbeziehungen.

Könnten Sie mir bitte mitteilen, ob die Position noch verfügbar ist? Falls Sie weitere Fragen haben, stehe ich Ihnen gerne für ein persönliches Gespräch zur Verfügung.

Vielen Dank im Voraus für Ihre Zeit und Ihre Bemühungen.

Mit freundlichen Grüßen,
Max Müller

4. Les Différences Clés avec l'Écriture Informelle

Dans une lettre informelle :

- Vous commencez souvent par **Hallo [Prénom]** ou simplement **Liebe/Lieber [Nom]**.

- Le ton est plus détendu : Exemple : « Wie geht's dir? Hoffentlich alles gut! » (*Comment ça va ? J'espère que tout va bien !*)

- Vous terminez souvent par **Liebe Grüße**, ou **Bis bald.**

Dans une lettre formelle :

- Vous utilisez **Sehr geehrte/r** pour saluer.

- Le ton est respectueux et professionnel, sans familiarité.

- Vous signez avec **Mit freundlichen Grüßen** ou **Hochachtungsvoll.**

5. Exercices Pratiques

Exercice 1 : Complétez les Formules

Complétez les phrases suivantes avec les formules correctes :

1. ___ **geehrte Frau Schmidt,** (*salutation*)

2. Mit ___ bedanke ich mich für Ihre Antwort.

3. Ich freue mich auf Ihre ___ (*réponse rapide*).

4. **Mit** ___ **Grüßen,**

Exercice 2 : Traduisez les Expressions

Traduisez les phrases suivantes en allemand :

1. En référence à votre annonce, je souhaite postuler pour ce poste.

2. Pourriez-vous m'envoyer plus d'informations ?

3. Merci d'avance pour vos efforts.

4. J'attends votre réponse avec impatience.

Exercice 3 : Rédigez une Lettre

Rédigez une lettre formelle en allemand pour demander des informations sur un cours d'allemand dans une école de langues.

6. Corrections des Exercices

Exercice 1 : Complétez les Formules

1. **Sehr geehrte Frau Schmidt,**

2. Mit **Dank** bedanke ich mich für Ihre Antwort.

3. Ich freue mich auf Ihre **schnelle Rückmeldung**.

4. **Mit freundlichen Grüßen,**

Exercice 2 : Traduisez les Expressions

1. En référence à votre annonce, je souhaite postuler pour ce poste → **Mit Bezug auf Ihre Anzeige möchte ich mich um diese Stelle bewerben.**

2. Pourriez-vous m'envoyer plus d'informations ? → **Könnten Sie mir bitte weitere Informationen zusenden?**

3. Merci d'avance pour vos efforts → **Vielen Dank im Voraus für Ihre Bemühungen.**

4. J'attends votre réponse avec impatience → **Ich würde mich über eine baldige Rückmeldung freuen.**

Exercice 3 : Exemple de Lettre

Betreff: Anfrage für einen Deutschkurs

Sehr geehrte Damen und Herren,

Ich interessiere mich für Ihren Deutschkurs und möchte gerne mehr Informationen über die Kurszeiten, Preise und Niveaustufen erhalten.

Könnten Sie mir bitte einen Prospekt oder weitere Details zusenden? Falls es möglich ist, würde ich auch gerne wissen, ob ein Anfängerkurs bald beginnt.

Vielen Dank im Voraus.

Mit freundlichen Grüßen,
[Votre Nom]

Leçon 22 : Les Verbes Réfléchis et Leur Utilisation en Allemand

Dans cette leçon, nous allons explorer les **verbes réfléchis** en allemand. Ils sont très fréquents et indispensables pour parler de soi ou de ses actions quotidiennes, comme « se lever », « se laver » ou encore « se souvenir ». Nous découvrirons comment ils fonctionnent, comment les conjuguer et quand les utiliser correctement.

1. Qu'est-ce qu'un verbe réfléchi ?

Un verbe réfléchi est un verbe qui s'accompagne d'un **pronom réfléchi**, c'est-à-dire que l'action effectuée par le sujet retombe sur le sujet lui-même.
Exemple:

- **Ich wasche mich.** (*Je me lave.*)

- **Er erinnert sich.** (*Il se souvient.*)

En allemand, ces pronoms réfléchis varient en fonction du **sujet** de la phrase (**mich, dich, sich, uns, euch, sich**).

2. Les Pronoms Réfléchis en Allemand

Sujet	Pronom réfléchi (Accusatif)	Pronom réfléchi (Datif)
ich	mich	mir
du	dich	dir
er/sie/es	sich	sich
wir	uns	uns
ihr	euch	euch
sie/Sie	sich	sich

3. Réfléchi à l'Accusatif ou au Datif ?

La majorité des verbes réfléchis utilisent le pronom réfléchi au **cas accusatif**. Cependant, certaines constructions spécifiques exigent le **datif**, particulièrement lorsque le verbe contient un **complément d'objet direct**.

Avec l'Accusatif :

Si l'action s'applique directement au sujet sans autre complément.
Exemple:

- **Ich wasche mich.** (*Je me lave.*)

Avec le Datif :

Si un complément d'objet direct est ajouté, le pronom réfléchi devient **datif**.

Exemple:

- **Ich wasche mir die Hände.** (*Je me lave les mains.*)

- Ici, **mir** (datif) réfère à "moi-même", tandis que **die Hände** est le complément direct.

4. Les Verbes Réfléchis Courants

Voici une liste de verbes réfléchis courants en allemand :

Verbes Réfléchis avec l'Accusatif :

Verbe	Traduction
sich waschen	se laver
sich anziehen	s'habiller
sich ausruhen	se reposer
sich interessieren (für)	s'intéresser (à)
sich erinnern (an)	se souvenir (de)
sich beeilen	se dépêcher

Exemples:

- **Ich wasche mich.** (*Je me lave.*)

- **Er zieht sich schnell an.** (*Il s'habille rapidement.*)

Verbes Réfléchis avec le Datif :

Verbe	Traduction
sich die Hände waschen	se laver les mains

sich etwas kaufen	s'acheter quelque chose
sich etwas vorstellen	s'imaginer quelque chose
sich die Zähne putzen	se brosser les dents

Exemples:

- **Ich putze mir die Zähne.** (*Je me brosse les dents.*)

- **Er kauft sich ein neues Buch.** (*Il s'achète un nouveau livre.*)

5. Conjugaison des Verbes Réfléchis

Prenons le verbe **sich waschen** (*se laver*) comme exemple :

Sujet	Conjugaison
Ich	Ich wasche mich.
Du	Du wäschst dich.
Er/Sie/Es	Er wäscht sich.
Wir	Wir waschen uns.
Ihr	Ihr wascht euch.
Sie/sie	Sie waschen sich.

Remarque: Notez la modification vocalique **a** → **ä** pour "du" et "er/sie/es" dans les verbes forts comme *waschen*.

6. Verbes Réfléchis avec Prépositions

Certains verbes réfléchis s'accompagnent de prépositions spécifiques. Ces prépositions dictent le cas (accusatif ou datif) du complément.

Verbe	Préposition	Traduction	Exemple
sich interessieren	für	s'intéresser à	**Ich interessiere mich für Kunst.** (*Je m'intéresse à l'art.*)
sich erinnern	an	se souvenir de	**Er erinnert sich an den Urlaub.** (*Il se souvient des vacances.*)
sich freuen	auf	se réjouir (de quelque chose à venir)	**Wir freuen uns auf den Sommer.** (*Nous nous réjouissons de l'été.*)
sich kümmern	um	s'occuper de	**Sie kümmert sich um das Kind.** (*Elle s'occupe de l'enfant.*)

7. Exercices Pratiques

Exercice 1 : Complétez la Phrase

Ajoutez le pronom réfléchi correct (mich, dich, sich, uns, euch) :

1. Ich interessiere ___ für Sport.

2. Wascht ___ die Hände!

3. Sie erinnert ___ an dich.

4. Wir freuen ___ auf die Ferien.

Exercice 2 : Complétez avec Accusatif ou Datif

Conjuguez le verbe avec **mich, mir, dich, dir** ou un autre pronom réfléchi approprié :

1. Ich putze ___ die Zähne.

2. Er wäscht ___ die Haare.

3. Du kaufst ___ ein Eis.

4. Wir kümmern ___ um die Kinder.

Exercice 3 : Traduisez en Allemand

1. Je me repose après le travail.

2. Tu te laves les mains dans la salle de bain.

3. Ils se réjouissent de leur voyage.

4. Elle s'intéresse à la littérature.

8. Corrections des Exercices

Exercice 1 : Complétez la Phrase

1. Ich interessiere **mich** für Sport.

2. Wascht **euch** die Hände!

3. Sie erinnert **sich** an dich.

4. Wir freuen **uns** auf die Ferien.

Exercice 2 : Complétez avec Accusatif ou Datif

1. Ich putze **mir** die Zähne.

2. Er wäscht **sich** die Haare.

3. Du kaufst **dir** ein Eis.

4. Wir kümmern **uns** um die Kinder.

Exercice 3 : Traduisez en Allemand

1. Je me repose après le travail → **Ich ruhe mich nach der Arbeit aus.**

2. Tu te laves les mains dans la salle de bain → **Du wäschst dir die Hände im Badezimmer.**

3. Ils se réjouissent de leur voyage → **Sie freuen sich auf ihre Reise.**

4. Elle s'intéresse à la littérature → **Sie interessiert sich für Literatur.**

Leçon 23 : Les Verbes Modaux au Passé

Les verbes modaux sont essentiels pour exprimer la possibilité, la nécessité, la permission ou le désir. En allemand, ces verbes suivent des règles particulières lorsqu'ils sont conjugués au **passé**. Cette leçon vous apprendra à les utiliser correctement pour former des phrases nuancées.

1. Rappel des Verbes Modaux (Modalverben)

Les verbes modaux en allemand sont :

Verbe	Traduction	Exemple au présent
können	pouvoir (capacité)	Ich kann gut schwimmen. (*Je peux bien nager.*)
müssen	devoir (obligation)	Er muss heute arbeiten. (*Il doit travailler aujourd'hui.*)
wollen	vouloir	Wir wollen ins Kino gehen. (*Nous voulons aller au cinéma.*)
dürfen	avoir le droit (permission)	Du darfst hier rauchen. (*Tu as le droit de fumer ici.*)
sollen	devoir (moral)	Er soll früher kommen. (*Il doit venir plus tôt.*)
mögen	aimer (goût)	Ich mag Schokolade. (*J'aime le chocolat.*)

2. Comment Conjuguer les Verbes Modaux au Passé ?

Au passé simple (**Präteritum**) ou dans une forme composée (**Perfekt**), les verbes modaux se comportent légèrement différemment des autres verbes.

2.1 Le Passé Simple (Präteritum)

La majorité des verbes modaux suivent une conjugaison régulière au **Präteritum**, mais certains subissent des modifications vocaliques. Ce temps est très courant à l'écrit et parfois utilisé à l'oral en allemand.

Sujet	können	müssen	wollen	dürfen	sollen	mögen
Ich	konnte	musste	wollte	durfte	sollte	mochte
Du	konntest	musstest	wolltest	durftest	solltest	mochtest
Er/Sie/Es	konnte	musste	wollte	durfte	sollte	mochte
Wir	konnten	mussten	wollten	durften	sollten	mochten
Ihr	konntet	musstet	wolltet	durftet	solltet	mochtet
Sie/sie	konnten	mussten	wollten	durften	sollten	mochten

Exemples :

1. **Ich konnte gut schwimmen.** (*Je savais bien nager.*)

2. **Er musste die Hausaufgaben machen.** (*Il devait faire les devoirs.*)

3. **Wir wollten gestern ins Kino gehen.** (*Nous voulions aller au cinéma hier.*)

2.2 Le Parfait (Perfekt)

Dans le passé composé (**Perfekt**), les verbes modaux sont **souvent combinés avec un autre verbe à l'infinitif**. Ils sont conjugués avec l'auxiliaire **haben**.

Structure :

Sujet + haben (conjugué) + [verbe modal au participe passé] + [infinitif du verbe principal]

Verbe Modal	Participe Passé
können	gekonnt
müssen	gemusst
wollen	gewollt
dürfen	gedurft
sollen	gesollt
mögen	gemocht

Important: Dans la pratique quotidienne, on utilise souvent le **Präteritum** pour les verbes modaux au passé car il est plus direct. Cependant, le **Perfekt** peut être utilisé dans les récits plus complexes.

Exemples :

1. **Ich habe gut schwimmen können.** (*J'ai bien pu nager.*)

2. **Er hat die Hausaufgaben machen müssen.** (*Il a dû faire les devoirs.*)

3. **Wir haben ins Kino gehen wollen.** (*Nous avons voulu aller au cinéma.*)

Notez que lorsque le verbe modal est utilisé avec un autre verbe, l'infinitif prend toujours la dernière position dans la phrase.

3. Les Subtilités de l'Utilisation

3.1 Choisir entre le Präteritum et le Perfekt

- Le **Präteritum** est le temps du récit (très courant à l'écrit).
  Exemple : **Ich wollte das machen.** (*Je voulais faire cela.*)

- Le **Perfekt** est souvent utilisé à l'oral ou pour exprimer des actions achevées dans un contexte quotidien.
  Exemple : **Ich habe das machen wollen.** (*J'ai voulu faire cela.*)

3.2 Verbes Modaux Sans Verbe Principal

Les verbes modaux peuvent parfois être utilisés seuls (*sans verbe secondaire*), surtout lorsque le contexte est clair.
Exemples:

- **Ich wollte nicht.** (*Je ne voulais pas.*)

- **Er musste sofort.** (*Il devait partir immédiatement.*)

4. Exercices Pratiques

Exercice 1 : Complétez la Phrase

Complétez les phrases suivantes avec le bon verbe modal conjugué au **Präteritum**.

1. Ich ____ (können) schwimmen, als ich jung war.

2. Du ____ (müssen) gestern viel arbeiten.

3. Wir ____ (wollen) ins Kino gehen, aber es war geschlossen.

4. Er ____ (dürfen) das Buch nicht lesen.

Exercice 2 : Reformulez au Perfekt

Reformulez ces phrases au **Perfekt**.

1. Ich konnte gestern nicht kommen.

2. Wir mussten die Hausaufgaben machen.

3. Sie wollte ins Ausland reisen.

Exercice 3 : Traduisez en Allemand

1. Je voulais apprendre l'allemand.

2. Ils n'ont pas eu le droit de partir.

3. Tu devais finir ton travail.

4. Elle a pu répondre à toutes les questions.

5. Corrections des Exercices

Exercice 1 : Complétez la Phrase

1. Ich **konnte** schwimmen, als ich jung war.

2. Du **musstest** gestern viel arbeiten.

3. Wir **wollten** ins Kino gehen, aber es war geschlossen.

4. Er **durfte** das Buch nicht lesen.

Exercice 2 : Reformulez au Perfekt

1. Ich habe gestern nicht kommen können.

2. Wir haben die Hausaufgaben machen müssen.

3. Sie hat ins Ausland reisen wollen.

Exercice 3 : Traduisez en Allemand

1. Je voulais apprendre l'allemand → **Ich wollte Deutsch lernen.**

2. Ils n'ont pas eu le droit de partir → **Sie haben nicht abfahren dürfen.**

3. Tu devais finir ton travail → **Du musstest deine Arbeit beenden.**

4. Elle a pu répondre à toutes les questions → **Sie hat alle Fragen beantworten können.**

Leçon 24 : Les Phrases Conditionnelles et le Konjunktiv II

Le **Konjunktiv II** (subjonctif II) est une structure essentielle en allemand pour exprimer des **hypothèses**, des **souhaits**, des **situations irréelles**, ou encore pour formuler des **propositions polies**. C'est un outil puissant qui vous permettra de parler de manière nuancée et naturelle.

Dans cette leçon, nous découvrirons comment construire des phrases conditionnelles en utilisant le **Konjunktiv II** et dans quels contextes les employer.

1. Qu'est-ce que le Konjunktiv II ?

Le **Konjunktiv II** est utilisé dans les situations suivantes :

1. Hypothèses irréelles ou imaginaires :

- Exemple : **Wenn ich reich wäre, würde ich um die Welt reisen.** (*Si j'étais riche, je ferais le tour du monde.*)

2. Souhaits :

- Exemple : **Ich wünschte, ich hätte mehr Zeit.** (*J'aimerais avoir plus de temps.*)

3. Propositions polies :

- Exemple : **Könnten Sie mir bitte helfen?** (*Pourriez-vous m'aider, s'il vous plaît ?*)

2. Formation du Konjunktiv II

2.1 Verbes Simples (Sein, Haben, Modalverben)

Les verbes **sein**, **haben** et les verbes modaux ont des formes spécifiques au Konjunktiv II.

Verbe	Konjunktiv II	Traduction
sein	ich wäre	je serais
haben	ich hätte	j'aurais
können	ich könnte	je pourrais
wollen	ich wollte	je voudrais
dürfen	ich dürfte	j'aurais le droit
müssen	ich müsste	je devrais
sollen	ich sollte	je devrais (moral)

Exemple:

- **Wenn ich mehr Zeit hätte, würde ich ein Buch lesen.** (*Si j'avais plus de temps, je lirais un livre.*)

2.2 Verbes Forts et Réguliers

Pour les autres verbes, le Konjunktiv II se forme généralement à partir du radical du **Präteritum**, auquel on ajoute des terminaisons spécifiques.

Sujet	Terminaison	Exemple avec *gehen* (aller)	Traduction
ich	-e	ich ginge	j'irais
du	-est	du gingest	tu irais
er/sie/es	-e	er ginge	il/elle/on irait
wir	-en	wir gingen	nous irions
ihr	-et	ihr ginget	vous iriez (pluriel)
sie/Sie	-en	sie gingen	ils/elles iraient

3. Le Conditionnel avec "würde"

L'auxiliaire **würde** est couramment utilisé pour exprimer des hypothèses et des situations irréelles. **Würde** est plus fréquent que le Konjunktiv II direct des verbes réguliers ou faibles.

Structure:
Sujet + würde (conjugué) + infinitif du verbe principal.

Sujet	Conjugaison de *würde*	Exemple avec *reisen* (voyager)
ich	würde	ich würde reisen
du	würdest	du würdest reisen
er/sie/es	würde	er würde reisen
wir	würden	wir würden reisen
ihr	würdet	ihr würdet reisen
sie/Sie	würden	sie würden reisen

Exemple:

- **Wenn ich reich wäre, würde ich die Welt bereisen.**
  (*Si j'étais riche, je voyagerais autour du monde.*)

4. Construire des Phrases Conditionnelles

Les phrases conditionnelles en allemand se composent de deux parties :

- **La proposition conditionnelle** (introduite par *wenn*)

- **La proposition principale**

Structure Typique :

Wenn + [proposition conditionnelle au Konjunktiv II] + [proposition principale au Konjunktiv II].

Exemple:

- **Wenn ich mehr lernen würde, würde ich die Prüfung bestehen.**
  (*Si j'étudiais davantage, je réussirais l'examen.*)

Inversion Possible :

Il est possible d'inverser la structure en commençant par la proposition principale.
Exemple:

- **Ich würde die Prüfung bestehen, wenn ich mehr lernen würde.**
  (*Je réussirais l'examen si j'étudiais davantage.*)

5. Formuler des Souhaits

Les souhaits en allemand s'expriment avec le **Konjunktiv II** et les expressions comme :

- **Ich wünschte** (*je souhaiterais*).

- **Hätte ich doch...** (*Si seulement j'avais...*).

Exemples:

1. **Ich wünschte, ich hätte mehr Zeit.** (*Je souhaiterais avoir plus de temps.*)

2. **Hätte ich doch mehr Geld!** (*Si seulement j'avais plus d'argent !*)

6. Faire des Propositions Polies

Pour formuler des demandes ou des suggestions polies, on utilise les verbes modaux au Konjunktiv II (**könnten, möchten, dürften**).

Exemples:

1. **Könnten Sie mir bitte helfen?** (*Pourriez-vous m'aider, s'il vous plaît ?*)

2. **Ich möchte ein Glas Wasser, bitte.** (*Je voudrais un verre d'eau, s'il vous plaît.*)

3. **Dürfte ich hier sitzen?** (*Puis-je m'asseoir ici ?*)

7. Exercices Pratiques

Exercice 1 : Complétez les Phrases

Complétez les phrases en utilisant le **Konjunktiv II** :

1. Wenn ich mehr Zeit ___ (haben), ___ ich ein Buch lesen.

2. Du ___ (können) ans Meer fahren, wenn du genug Geld hättest.

3. Ich wünschte, ich ___ (sein) reich.

Exercice 2 : Reformulez au Konjunktiv II

Reformulez ces phrases au Konjunktiv II avec *würde* :

1. Ich arbeite viel. (conditionnel : si je ne travaillais pas...)

2. Sie kauft ein neues Auto. (conditionnel : si elle avait de l'argent...)

3. Wir reisen durch Europa. (conditionnel : si nous avions un mois de vacances...)

Exercice 3 : Traduisez en Allemand

1. Si j'avais une maison, je serais très heureux.

2. Je souhaiterais pouvoir jouer au tennis.

3. Pourriez-vous m'apporter le menu, s'il vous plaît ?

4. Si tu savais cuisiner, tu ferais de bons plats.

8. Corrections des Exercices

Exercice 1 : Complétez les Phrases

1. Wenn ich mehr Zeit **hätte**, **würde** ich ein Buch lesen.

2. Du **könntest** ans Meer fahren, wenn du genug Geld hättest.

3. Ich wünschte, ich **wäre** reich.

Exercice 2 : Reformulez au Konjunktiv II

1. Wenn ich nicht so viel arbeiten **würde**, hätte ich mehr Zeit.

2. Wenn sie mehr Geld **hätte**, würde sie ein neues Auto kaufen.

3. Wenn wir einen Monat Urlaub **hätten**, würden wir durch Europa reisen.

Exercice 3 : Traduisez en Allemand

1. Si j'avais une maison, je serais très heureux → **Wenn ich ein Haus hätte, wäre ich sehr glücklich.**

2. Je souhaiterais pouvoir jouer au tennis → **Ich wünschte, ich könnte Tennis spielen.**

3. Pourriez-vous m'apporter le menu, s'il vous plaît ? → **Könnten Sie mir bitte die Speisekarte bringen?**

4. Si tu savais cuisiner, tu ferais de bons plats → **Wenn du kochen könntest, würdest du gute Gerichte machen.**

Leçon 25 : Les Tournures Passives en Allemand

Dans cette leçon, nous allons découvrir comment utiliser la **voix passive** en allemand. La voix passive est utilisée lorsqu'on met l'accent sur l'action elle-même plutôt que sur celui ou celle qui l'effectue. Elle est très courante en allemand, notamment dans les textes formels, scientifiques, ou administratifs.

1. Quand Utiliser la Voix Passive ?

La voix passive est utilisée dans les cas suivants :

1. **Pour insister sur l'action** plutôt que sur celui qui agit.

   - Exemple : **Das Haus wird gebaut.** (*La maison est en train d'être construite.*)

2. **Quand l'agent (celui qui fait l'action) est inconnu ou sans importance.**

   - Exemple : **Die Tür wurde geöffnet.** (*La porte a été ouverte.*)

3. **Pour rendre une phrase impersonnelle ou plus formelle.**

   - Exemple : **Es wird erwartet, dass alle pünktlich sind.** (*Il est attendu que tout le monde soit à l'heure.*)

2. Formation de la Voix Passive

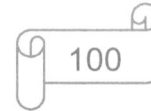

Structure Générale de la Voix Passive :

Sujet (receveur de l'action) + werden (conjugué) + participe passé du verbe.

1. **Le verbe "werden" est conjugué au temps approprié.**

2. **Le verbe principal est utilisé sous forme de participe passé.**

Exemple : Verbe *bauen* (construire) au Présent

- **Aktiv (voix active): Die Firma baut das Haus.** (*L'entreprise construit la maison.*)

  - **Sujet actif:** Die Firma

  - **Action:** baut

  - **Objet:** das Haus

- **Passiv (voix passive): Das Haus wird von der Firma gebaut.** (*La maison est construite par l'entreprise.*)

  - **Sujet passif:** Das Haus

  - **Action:** wird gebaut

- **Agent:** von der Firma (*par l'entreprise*)

Les Temps à la Voix Passive

Présent :

Sujet + *werden* (présent) + participe passé
Beispiel: Das Buch wird gelesen. (*Le livre est lu.*)

Prétérit (Passé Simple) :

Sujet + *wurden* (imparfait de *werden*) + participe passé
Beispiel: Das Buch wurde gelesen. (*Le livre fut lu.*)

Parfait (Passé Composé) :

Sujet + *ist* (auxiliaire) + participe passé + *worden*
Beispiel: Das Buch ist gelesen worden. (*Le livre a été lu.*)

Plus-Que-Parfait :

Sujet + *war* (auxiliaire imparfait) + participe passé + *worden*
Beispiel: Das Buch war gelesen worden. (*Le livre avait été lu.*)

Futur I :

Sujet + *wird* (futur) + participe passé + *werden*
Beispiel: Das Buch wird gelesen werden. (*Le livre sera lu.*)

3. Introduire l'Agent avec "von" ou "durch"

- **Von** : utilisé pour introduire celui ou celle qui *effectue* l'action.

    - Exemple : **Das Haus wird von den Arbeitern gebaut.** (*La maison est construite par les ouvriers.*)

- **Durch** : utilisé pour indiquer le moyen ou l'outil par lequel l'action est réalisée.

    - Exemple : **Die Nachricht wurde durch das Radio verbreitet.** (*Le message a été diffusé à la radio.*)

4. Différence entre la Voix Passive et la Forme Impersonnelle

En allemand, on peut parfois utiliser une forme impersonnelle à la place de la voix passive :

- **Voix passive: Der Brief wurde geschrieben.** (*La lettre a été écrite.*)

- **Forme impersonnelle: Man hat den Brief geschrieben.** (*On a écrit la lettre.*)

5. Avantages de la Voix Passive

1. **Met en avant l'objet ou le résultat de l'action.** Exemple : **Das Problem wurde schnell gelöst.** (*Le problème a été rapidement résolu.*)

2. **Permet de ne pas nommer l'agent (utile quand l'acteur est inconnu ou non-pertinent).** Exemple : **Die Straße wurde gesperrt.** (*La rue a été fermée.*)

3. **Donne un ton plus formel ou impersonnel.** Exemple : **Es wird erwartet, dass alle teilnehmen.** (*Il est attendu que tous participent.*)

6. Exercices Pratiques

Exercice 1 : Transformez au Passif

Transformez les phrases actives suivantes en phrases passives :

1. Die Schüler schreiben den Test.

2. Der Koch bereitet das Essen vor.

3. Der Mechaniker repariert das Auto.

Exercice 2: Complétez les phrases

Complétez les phrases en utilisant la voix passive :

1. Die Tür ____ (öffnen, Präsens).

2. Das Buch ____ (lesen, Perfekt).

3. Der Brief ____ (schreiben, Futur).

Exercice 3 : Traduisez en Allemand

1. Le projet a été terminé hier.

2. La maison sera construite l'année prochaine.

3. Les invités ont été accueillis par le serveur.

7. Corrections des Exercices

Exercice 1 : Transformez au Passif

1. **Der Test wird von den Schülern geschrieben.** (*Le test est écrit par les élèves.*)

2. **Das Essen wird von dem Koch vorbereitet.** (*Le repas est préparé par le cuisinier.*)

3. **Das Auto wird von dem Mechaniker repariert.** (*La voiture est réparée par le mécanicien.*)

Exercice 2: Complétez les phrases

1. Die Tür **wird geöffnet**.

2. Das Buch **ist gelesen worden**.

3. Der Brief **wird geschrieben werden**.

Exercice 3 : Traduisez en Allemand

1. Le projet a été terminé hier → **Das Projekt ist gestern abgeschlossen worden.**

2. La maison sera construite l'année prochaine → **Das Haus wird nächstes Jahr gebaut werden.**

3. Les invités ont été accueillis par le serveur → **Die Gäste wurden vom Kellner empfangen.**

Leçon 26 : Les Expressions Courantes en Allemand Informel

Pour parler comme un natif et enrichir vos communications quotidiennes, il est important de connaître les **expressions idiomatiques**, les **formules informelles** et certaines **abréviations courantes**. Ces expressions sont souvent utilisées dans les conversations de tous les jours et peuvent grandement améliorer votre compréhension et votre aisance en allemand.

Dans cette leçon, nous découvrirons les expressions les plus utiles et leurs significations, ainsi que leur utilisation dans la vie de tous les jours.

1. Les Salutations et Formules de Politesse Informelles

Salutations :

Allemand	Traduction	Contexte
Hallo!	Salut !	Très courant entre amis ou collègues.
Hi!	Salut !	Plus moderne et informel.
Na?	Alors ? / Comment ça va ?	Une manière décontractée de dire « ça va ? ».
Servus!	Salut !	Employé surtout en Allemagne du Sud et en Autriche.
Moin!	Salut !	Expression typique du nord de l'Allemagne (Hambourg, Brême).

Exemples:

- **Na? Wie geht's dir?** (*Alors, comment ça va ?*)

- **Servus! Wie läuft's?** (*Salut ! Comment ça se passe ?*)

Formules de Politesse :

Allemand	Traduction	Contexte
Danke dir!	Merci à toi !	Informel, entre amis.
Passt schon.	Ça va / C'est bon.	Décontracté pour dire « ne t'en fais pas ».
Alles klar.	Tout va bien / OK.	Une manière simple de répondre positivement.

Kein Problem!	Pas de problème !	Pour rassurer quelqu'un.

Exemples:

- **Kannst du mir helfen? – Kein Problem!** (*Tu peux m'aider ? – Pas de souci !*)

2. Pour Répondre à "Wie geht's ?"

Allemand	Traduction	Contexte
Alles gut!	Tout va bien !	Réponse courte et positive.
Nicht schlecht.	Pas mal.	Courant pour dire « ça va ».
Mir geht's super!	Je vais super bien !	Enthousiaste et décontracté.
Läuft bei mir.	Tout roule pour moi.	Très informel, utilisé par les jeunes.
Es geht so.	Comme ci, comme ça.	Pour exprimer une humeur neutre.

3. Expressions Courantes Informelles

1. Expressions pour Employer "Cool" :

Allemand	Traduction	Contexte
Das ist cool!	C'est cool.	Très fréquent, même dans les médias.
Mega!	Génial !	Expression jeune, très positive.
Geil!	Génial / Trop cool !	Très informel, attention au contexte (familier).

Hammer!	Mortel / Trop bien !	Très enthousiaste et informel.

Exemples:

- **Der neue Film war echt geil!** (*Le nouveau film était vraiment trop cool !*)

- **Mega, dass du gekommen bist!** (*Génial que tu sois venu !*)

2. Expressions Typiques :

Allemand	Traduction	Contexte
Bock haben (auf etwas)	Avoir envie de (quelque chose).	Informel, très utilisé.
Keinen Bock haben	Ne pas avoir envie.	Courant chez les jeunes.
Auf jeden Fall!	Absolument ! / Bien sûr !	Pour montrer son enthousiasme.
Mach's gut!	Prends soin de toi !	Formule amicale pour dire au revoir.
Alles klar!	D'accord !	Décontracté pour dire OK ou « compris ».

Exemples:

- **Hast du Bock, ins Kino zu gehen?** (*T'as envie d'aller au cinéma ?*)

- **Keine Lust. Ich hab' keinen Bock.** (*Pas envie. J'ai pas le courage.*)

- **Auf jeden Fall komme ich!** (*Je viens absolument !*)

3. Expressions avec "Pas de problème" :

Allemand	Traduction	Contexte
Kein Ding!	Pas de souci !	Très décontracté, ami proche.
Schon gut.	C'est bon.	Pour minimiser une situation.
Alles easy.	Tout va bien.	Très informel, pour rassurer.

Exemples:

- **Danke für deine Hilfe! – Kein Ding!** (*Merci pour ton aide ! – Pas de souci !*)

4. Expressions pour Réagir

Allemand	Traduction	Contexte
Echt?	Sérieux ?	Pour exprimer la surprise ou une question informelle.
Ach so!	Ah, je vois !	Pour montrer qu'on comprend.
Genau!	Exactement !	Pour approuver une affirmation.
Na ja.	Bof. / On verra.	Pour une réponse mitigée ou un doute.
Krass!	Incroyable ! / Dingue !	Très utilisé, pour les surprises ou émotions fortes.

Exemples:

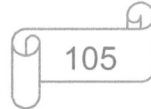

- **Ich habe das Spiel gewonnen! – Krass!** (*J'ai gagné le match ! – Incroyable !*)

- **Ich bekomme morgen frei. – Ach so, cool!** (*J'ai congé demain. – Ah, trop bien !*)

5. Abréviations et Langage des Messages

Dans les SMS ou les conversations en ligne, certaines expressions ou abréviations sont courantes en allemand :

Abréviation	Signification	Traduction en français
LG	Liebe Grüße	Bien à toi / Cordialement
LOL	Laughing out loud	Mort de rire
kA	keine Ahnung	Aucune idée
HDGDL	Hab dich ganz doll lieb	Je t'aime beaucoup (amis)
OMG	Oh mein Gott	Oh mon Dieu

Exemples:

- **Kommst du heute? LG** (*Tu viens aujourd'hui ? Bien à toi.*)

- **Ich schreib's später. kA, wann ich Zeit habe.** (*Je t'écris plus tard. Aucune idée quand j'aurai du temps.*)

6. Exercices Pratiques

Exercice 1 : Associez l'Expression à sa Traduction

Associez chaque expression à sa signification :

1. Kein Bock

2. Krass

3. Ach so

4. Moin

a. Salut (nord de l'Allemagne)
b. Ah, je vois
c. Dingue / incroyable
d. Pas envie

Exercice 2 : Complétez les Phrases

Complétez avec la bonne expression informelle :

1. Ich habe schon bezahlt. ____ gut.

2. Hast du Lust, was zu essen? – Klar, ich hab' ___!

3. Was? Du hast das geschafft? ___!

Exercice 3 : Traduisez en Allemand

1. Salut ! Comment ça va ?

2. Pas de souci. C'est bon.

3. Tu viens ? – Bien sûr !

4. Incroyable, tu l'as fait !

7. Corrections des Exercices

Exercice 1 : Associez l'Expression à sa Traduction

1 → d. Pas envie
2 → c. Dingue / incroyable
3 → b. Ah, je vois
4 → a. Salut (nord de l'Allemagne)

Exercice 2 : Complétez les Phrases

1. Ich habe schon bezahlt. **Schon gut.**

2. Hast du Lust, was zu essen? – Klar, ich hab' **Bock!**

3. Was? Du hast das geschafft? **Krass!**

Exercice 3 : Traduisez en Allemand

1. Salut ! Comment ça va ? → **Na? Wie geht's dir?**

2. Pas de souci. C'est bon. → **Kein Ding. Schon gut.**

3. Tu viens ? – Bien sûr ! → **Kommst du? – Auf jeden Fall!**

4. Incroyable, tu l'as fait ! → **Krass, du hast es geschafft!**

Leçon 27 : Structurer et Argumenter en Allemand

Dans cette leçon, nous allons nous concentrer sur les **structures avancées** qui vous permettront d'exposer vos idées, de défendre un point de vue ou de participer activement à des débats en allemand. Ces compétences sont idéales pour des discussions formelles, des présentations ou même des conversations informelles où vous voulez structurer vos arguments de manière claire et logique.

1. Pourquoi Structurer un Argument est Important ?

Lors d'une discussion ou d'un débat, il est essentiel de :

- **Exposer une idée clairement** : Rendre vos propos compréhensibles.

- **Argumenter logiquement** : Justifier vos opinions avec des connecteurs et des exemples.

- **Réfuter un contre-argument** : Répondre aux objections de manière convaincante.

Grâce à cette leçon, vous apprendrez à utiliser des **connecteurs logiques**, des **phrases clés** et des **expressions utiles** pour structurer vos idées et enrichir vos échanges.

2. Les Étapes de l'Argumentation

Une argumentation efficace suit généralement **trois étapes** :

1. Présentation du Sujet

Vous commencez par introduire le sujet de discussion.

Expression en Allemand	Traduction
Ich möchte über ein wichtiges Thema sprechen...	Je voudrais parler d'un sujet important...
Heute diskutiere ich über...	Aujourd'hui, je vais discuter de...
Es geht hier um...	Il s'agit ici de...
Die Frage ist, ob...	La question est de savoir si...

2. Argumenter (Donner des Arguments et des Exemples)

2.1 Introduire un Argument :

Connecteur	Traduction
Erstens...	Premièrement...
Zweitens...	Deuxièmement...
Einerseits...	D'une part...
Andererseits...	D'autre part...
Außerdem...	De plus...
Darüber hinaus...	En outre...

Exemples:

- **Einerseits ist das eine gute Idee, andererseits könnte es teuer sein.**
  (*D'une part, c'est une bonne idée, d'autre part, cela pourrait être coûteux.*)

- **Zweitens ist es wichtig, die Umwelt zu schützen.** (*Deuxièmement, il est important de protéger l'environnement.*)

2.2 Justifier un Argument :

Connecteur	Traduction
Weil...	Parce que...
Da...	Puisque...
Deshalb...	C'est pourquoi...
Daher...	C'est pour cela...

Exemples:

- **Wir sollten mehr Fahrrad fahren, weil das umweltfreundlich ist.** (*Nous devrions utiliser davantage le vélo, parce que c'est écologique.*)

- **Deshalb müssen wir jetzt handeln.** (*C'est pourquoi nous devons agir maintenant.*)

2.3 Donner un Exemple :

Connecteur	Traduction
Zum Beispiel...	Par exemple...
Wie man sieht...	Comme on le voit...
Ein gutes Beispiel dafür ist...	Un bon exemple pour cela est...

Exemples:

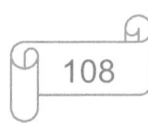

- **Ein gutes Beispiel dafür ist die Nutzung von Solarenergie.**
  (*Un bon exemple pour cela est l'utilisation de l'énergie solaire.*)

- **Zum Beispiel können wir weniger Plastik verwenden.**
  (*Par exemple, nous pouvons utiliser moins de plastique.*)

3. Réfuter un Contre-Argument

Une discussion ou un débat implique souvent de répondre à des objections. Voici quelques expressions pour réfuter un argument :

Expression en Allemand	Traduction
Das stimmt nicht ganz, weil…	Ce n'est pas tout à fait vrai, parce que…
Ich sehe das anders, denn…	Je ne vois pas les choses ainsi, car…
Das ist sicherlich richtig, aber…	C'est sûrement vrai, mais…

Exemples:

- **Das ist sicherlich richtig, aber wir müssen die Kosten berücksichtigen.**
  (*C'est sûrement vrai, mais nous devons considérer les coûts.*)

- **Ich sehe das anders, denn nicht jeder hat die gleichen Möglichkeiten.**
  (*Je ne vois pas les choses ainsi, car tout le monde n'a pas les mêmes opportunités.*)

3. Expressions pour Conclure

Expression en Allemand	Traduction
Zusammenfassend kann man sagen, dass…	En résumé, on peut dire que…
Abschließend möchte ich betonen, dass…	Finalement, je voudrais souligner que…
Die Diskussion zeigt, dass…	La discussion montre que…

4. Exemple complet d'argumentation

Sujet : Sollten wir mehr Homeoffice machen? (*Devrions-nous faire plus de télétravail ?*)

Einleitung (Introduction): Heute diskutiere ich über die Frage, ob mehr Homeoffice sinnvoll ist. (*Aujourd'hui, je discute de la question de savoir si davantage de télétravail est judicieux.*)

**Argumente (Arguments): Erstens ist Homeoffice umweltfreundlich, weil weniger Autos auf der Straße sind. Zum Beispiel wird weniger CO2 ausgestoßen.
Zweitens spart man Zeit, da man nicht pendeln muss.**

Gegenargument (Contre-argument): Man könnte sagen, dass die

Kommunikation im Team schwieriger wird. Aber **ich sehe das anders**, **denn** es gibt viele digitale Tools, die helfen können.

Schluss (Conclusion): Zusammenfassend kann man sagen, dass mehr Homeoffice viele Vorteile hat, besonders für die Umwelt und die Work-Life-Balance.

5. Exercices Pratiques

Exercice 1 : Complétez les Phrases

1. ___ **(Premièrement), ist es wichtig, die Umwelt zu schützen.**

2. Ein gutes Beispiel dafür ist ___ (par exemple).

3. Zusammenfassend ___ man sagen, dass wir handeln müssen.

Exercice 2 : Traduisez en Allemand

1. Premièrement, nous devons parler de l'environnement.

2. Par exemple, l'utilisation de voitures électriques réduit la pollution.

3. Je ne suis pas d'accord, car cela coûte trop cher.

Exercice 3 : Rédigez un Argument

Rédigez une argumentation simple en allemand avec ces étapes :

- Présentez un sujet (par exemple, l'importance du sport).

- Donnez deux arguments avec des exemples.

- Réfutez un contre-argument.

- Concluez votre propos.

6. Corrections des Exercices

Exercice 1 : Complétez les Phrases

1. **Erstens**, ist es wichtig, die Umwelt zu schützen.

2. Ein gutes Beispiel dafür ist **zum Beispiel** die Nutzung von Solarenergie.

3. Zusammenfassend **kann** m an sagen, dass wir handeln müssen.

Exercice 2 : Traduisez en Allemand

1. Premièrement, nous devons parler de l'environnement → **Erstens müssen wir über die Umwelt sprechen.**

2. Par exemple, l'utilisation de voitures électriques réduit la pollution → **Zum Beispiel reduziert die Nutzung von Elektroautos die Umweltverschmutzung.**

3. Je ne suis pas d'accord, car cela coûte trop cher → **Ich**

bin nicht einverstanden,
denn das ist zu teuer.

**Exercice 3 : Rédigez un Argument
(Modèle)**

**Thema: Warum Sport wichtig
ist** (*Pourquoi le sport est important*)

Einleitung:
Sport spielt eine wichtige Rolle in
unserem Leben.

Argumente:
Erstens verbessert Sport unsere
Gesundheit, weil Bewegung gut für
das Herz ist. **Zum Beispiel** reduziert
Sport das Risiko von Krankheiten.
Zweitens hilft Sport, Stress zu
vermeiden. **Ein gutes Beispiel** ist
Yoga, das vielen Menschen hilft, sich
zu entspannen.

Gegenargument:
Man könnte sagen, dass man keine
Zeit für Sport hat. **Aber ich sehe das
anders**, **denn** jeder kann 20 Minuten
pro Tag finden, um sich zu bewegen.

Schluss:
Zusammenfassend lässt sich sagen,
dass Sport wichtig für die Gesundheit
und das Wohlbefinden ist.

**Leçon 28 : Les Nuances entre
l'Allemand Standard et les
Dialectes**

L'allemand, comme beaucoup de
langues, n'est pas uniforme. Bien qu'il
existe une version standard
appelée **Hochdeutsch** (allemand
standard), de nombreux dialectes
sont parlés dans différentes régions,
chacun avec ses particularités
linguistiques et culturelles. Ces
dialectes rendent l'allemand encore
plus fascinant, mais aussi parfois
déroutant pour les apprenants.

Dans cette leçon, nous découvrirons
les principales différences entre
l'allemand standard et certains
dialectes célèbres, ainsi que des
expressions typiques à retenir pour
chaque région.

1. Qu'est-ce que l'Hochdeutsch ?

L'allemand standard,
ou **Hochdeutsch**, est :

- **La langue officielle** utilisée
  dans les médias,
  l'administration, le système
  éducatif et les documents
  officiels.

- Compris et utilisé dans
  toutes les régions
  germanophones
  (Allemagne, Autriche,
  Suisse, Luxembourg,
  Liechtenstein).

- Basé sur les dialectes du sud
  et de l'est de l'Allemagne, en
  particulier ceux de la région
  de Saxe (Luther a joué un
  rôle clé dans sa

standardisation avec sa traduction de la Bible).

Exemple en Hochdeutsch:

- **Guten Morgen! Wie geht es Ihnen?** (*Bonjour! Comment allez-vous ?*)

2. Les Principaux Dialectes de l'Allemand

Bien que l'Hochdeutsch soit la langue standard, environ **50 millions de locuteurs germanophones** utilisent un dialecte dans leur vie quotidienne. Voici les principaux dialectes et leurs caractéristiques.

2.1 Dialecte Bavarois (Bairisch)

Le bavarois est parlé dans le sud de l'Allemagne, en Bavière, ainsi qu'en Autriche.

Caractéristiques :

1. Les voyelles deviennent souvent plus longues.

2. Utilisation du mot "mei" (au lieu de "mein").

3. "Ich" devient "i".

Expressions typiques :

Bavarois	Hochdeutsch	Traduction
Grüß Gott!	Guten Tag!	Bonjour ! (formel)
I mog di.	Ich mag dich.	Je t'aime bien.

Host du wos?	Hast du etwas?	As-tu quelque chose ?

2.2 Dialecte Souabe (Schwäbisch)

Le schwäbisch est parlé dans le sud-ouest de l'Allemagne, en Bade-Wurtemberg.

Caractéristiques :

1. Transformation des sons "s" et "sch".

2. Beaucoup de troncatures dans les mots.

3. Les phrases peuvent paraître chantantes.

Expressions typiques :

Schwäbisch	Hochdeutsch	Traduction
Schaffa, schaffa, Häusle baue	Arbeiten, arbeiten, Haus bauen	Travailler, travailler, construire une maison.
Net hudla!	Nicht hetzen!	Ne te précipite pas !
Des kosch vergessa.	Das kannst du vergessen.	Tu peux oublier ça.

2.3 Dialecte Berlinois

Le berlinois est parlé dans la capitale de l'Allemagne, Berlin. C'est un mélange de expressions directes et humoristiques.

Caractéristiques :

1. Simplification des sons et mot raccourcis.

2. Le "g" devient souvent un "j".

3. Ton désinvolte mais charmant.

Expressions typiques :

Berlinois	Hochdeutsch	Traduction
Ick bin hier!	Ich bin hier!	Je suis ici !
Wat denn?	Was denn?	Quoi donc ?
Det is mir Wurscht.	Das ist mir egal.	Ça m'est égal.

2.4 Dialecte Suisse Allemand (Schweizerdeutsch)

Le suisse allemand est parlé dans la région germanophone de la Suisse. Il est très différent de l'Hochdeutsch et n'est pas toujours facile à comprendre pour les Allemands eux-mêmes.

Caractéristiques :

1. Modification des voyelles et diphtongues.

2. Utilisation fréquente de "li" pour diminutifs (exemple : "Büchli" pour "petit livre").

3. R très prononcé.

Expressions typiques :

Schweizerdeutsch	Hochdeutsch	Traduction
Grüezi!	Guten Tag!	Bonjour !
Chunsch au?	Kommst du auch?	Tu viens aussi ?
Ich ha kei Ahnig.	Ich habe keine Ahnung.	Je n'ai aucune idée.

2.5 Dialecte Autrichien (Österreichisch)

L'autrichien est parlé en Autriche et ressemble beaucoup au bavarois, avec quelques expressions spécifiques.

Caractéristiques :

1. Beaucoup d'expressions spécifiques à l'Autriche.

2. Utilisation fréquente de "eh" dans les phrases.

Expressions typiques :

Österreichisch	Hochdeutsch	Traduction
Na servas!	Na sowas!	Eh bien !
Pfiat di!	Auf Wiedersehen!	Au revoir !
Oida!	Mensch !	Mec ! Indicible (décontracté).

3. Pourquoi Apprendre quelques Bases Dialectales ?

Avantages :

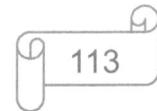

Ich habe keinen Plan.	Je n'ai aucune idée.

1. **Faciliter les relations avec les locaux** : Les habitants apprécient souvent quand un étranger fait des efforts pour comprendre ou parler leur dialecte.

   - Exemple : Dire **"Grüß Gott"** en Bavière est bien plus chaleureux que **"Guten Tag"**.

2. **Comprendre les nuances culturelles** : Les dialectes sont souvent porteurs de traditions et de façons uniques de penser.

3. **Développer une meilleure compréhension orale** : Beaucoup de locuteurs natifs mélangent l'Hochdeutsch et leur dialecte dans la vie quotidienne.

4. Expressions Universelles Utilisées Partout

Les expressions suivantes sont comprises dans toute l'aire germanophone :

Expression	Traduction
Alles klar!	Tout va bien ! / Compris !
Na ja.	Bof.
Wie läuft's?	Comment ça se passe ?

Ces phrases universelles peuvent vous sauver dans presque toutes les conversations !

5. Exercices Pratiques

Exercice 1 : Associez le Dialecte

Associez chaque expression à son dialecte :

1. Grüß Gott!

2. Ick bin hier!

3. Pfiat di!

4. Schaffa, schaffa, Häusle baue.

a.   Bavarois
b.   Berlinois
c.   Souabe
d. Autrichien

Exercice 2 : Traduisez en Hochdeutsch

1. Oida, des is echt geil! (*autrichien*)

2. I mog di. (*bavarois*)

3. Ach nee, det is mir Wurscht. (*berlinois*)

6. Corrections des Exercices

Exercice 1 : Associez le Dialecte

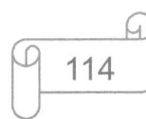

1	→	a.	Bavarois
2	→	b.	Berlinois
3	→	d.	Autrichien
4	→ c. Souabe		

Exercice 2 : Traduisez en Hochdeutsch

1. Oida, des is echt geil!
   → **Mensch, das ist wirklich toll!**

2. I mog di. → **Ich mag dich.** (*Je t'aime bien.*)

3. Ach nee, det is mir Wurscht.
   → **Ach nein, das ist mir egal.**

Leçon 29 : Stratégies pour Intégrer l'Allemand dans Votre Quotidien

Bienvenue dans l'avant-dernière leçon de ce programme ! Vous avez accompli un immense progrès en apprenant les bases de l'allemand, des notions avancées, et même les subtilités des dialectes régionaux. Pour consolider vos connaissances et continuer à vous améliorer, il est crucial d'intégrer l'allemand dans votre vie de tous les jours.

1. Créer une Immersion à Domicile

Même si vous ne vivez pas dans un pays germanophone, il est tout à fait possible de créer une **immersion linguistique** chez vous.

1.1 Regardez des Séries, Films ou Vidéos en Allemand

- **Pourquoi ?** Cela améliore votre compréhension orale de manière naturelle, et vous apprend des phrases courantes.

- **Suggestions de Séries/Films:**

  - *Dark* (Netflix) – Série captivante en allemand standard.

  - *Tatort* – Série policière culte en Allemagne.

  - *Good Bye Lenin!* – Film très populaire sur l'histoire récente de l'Allemagne.

- **Astuce:** Activez d'abord les sous-titres en allemand. Ensuite, essayez sans sous-titres pour vous challenger.

1.2 Écoutez des Podcasts et des Radios

L'écoute régulière de l'allemand est essentielle, même en arrière-plan.

- **Podcasts recommandés:**

- *Slow German –* Parfait pour les débutants.

- *Easy German –* Conversations de la vie quotidienne avec des explications.

- *Langsam gesprochene Nachrichten* (Deutsche Welle) – Les actualités en allemand, lentement articulées.

- **Stations de radio:**

  - *Bayern 3* (divertissement et musique).

  - *Deutschlandfunk* (informations).

1.3 Lisez en Allemand Tous les Jours

La lecture est la clé pour développer votre vocabulaire et mieux comprendre les structures grammaticales.

- **Pour les débutants:**

  - **Livres simplifiés** : *Café in Berlin* de André

Klein (histoires simples pour apprenants).

- **Bandes dessinées/mangas:** Les traductions de BD populaires comme *Asterix* ou *One Piece*.

- **Pour les intermédiaires:**

  - **Journaux en ligne:** *Bild Zeitung* (simple), *Die Zeit* (plus complexe).

  - **Articles courts sur Deutsche Welle.*

2. Adopter une Routine de Pratique Quotidienne

Pour progresser, il est essentiel de pratiquer régulièrement, même pendant 10 à 15 minutes par jour.

2.1 Programme Quotidien (10-15 minutes minimum) :

1. **5 minutes de vocabulaire:**

   - Utilisez une appli comme *Anki* ou *Quizlet* pour mémoriser de nouveaux mots.

   - Apprenez 5 à 10 mots chaque jour.

2. **5 minutes de lecture:**

- Lisez un article, un chapitre d'un livre ou un petit texte.

3. **5 minutes de conversation ou de répétition orale:**

- Parlez à voix haute en répétant des phrases courantes.

- Si possible, pratiquez avec un partenaire linguistique.

2.2 Garder une Trace de Vos Progrès

1. **Tenez un journal en allemand:**

- Écrivez 2 à 3 phrases chaque jour sur ce que vous avez fait ou ressenti.

- Exemple : **Heute habe ich mit meinen Freunden Fußball gespielt. Es war sehr lustig!** (*Aujourd'hui , j'ai joué au football avec mes amis. C'était très amusant !*)

2. **Fixez des objectifs hebdomadaires:**

- Exemple : « Cette semaine, je veux apprendre 50 nouveaux mots et regarder un film en allemand. »

- Célébrez chaque objectif atteint pour maintenir votre motivation.

3. Utiliser la Technologie

Les outils numériques sont vos meilleurs alliés pour apprendre l'allemand efficacement.

3.1 Applications Recommandées :

- **Duolingo:** Idéal pour débuter avec des leçons ludiques.

- **Babbel:** Parfait pour travailler la grammaire et le vocabulaire de manière plus structurée.

- **Anki:** Pour créer vos propres fiches de vocabulaire et réviser avec un système de répétition espacée.

- **Tandem / HelloTalk:** Pour échanger avec des locuteurs natifs.

3.2 Sites Web et Plateformes :

- **Deutsche Welle (DW)** → Cours gratuits et actualités pour apprenants.

- **LingQ** → Apprendre grâce à des textes interactifs et de l'audio.

- **iTalki** → Trouvez un professeur particulier pour des cours en ligne.

4. Pratiquer avec des Locuteurs Natifs

4.1 Rencontrer des Natif(ve)s :

- Trouvez des groupes d'échange linguistique locaux via des plateformes comme *Meetup* ou des associations culturelles allemandes.

- Participez à des événements organisés par le *Goethe-Institut*.

4.2 Trouver un Tandem Linguistique :

Un tandem est un échange où vous apprenez l'allemand en échange d'aider quelqu'un à apprendre votre langue (français, par exemple).

- **Outils recommandés:**

  - *Tandem* (application).

- *HelloTalk* (application).

- Facebook Groups : recherchez « Language Exchange [votre ville] ».

Exemple de Dialogue Tandem:

- Vous : **Warum lernst du Französisch?** (*Pourquoi apprends-tu le français ?*)

- Partenaire : **Weil ich Frankreich liebe und dort arbeiten möchte.** (*Parce que j'adore la France et que je voudrais y travailler.*)

5. Exemples d'Immersion dans la Vie Quotidienne

Autres idées simples :

1. **Changez la langue de votre téléphone en allemand.**

   - Au début, cela semble troublant, mais vous apprendrez de nouveaux mots très rapidement.

   - Exemple : **Einstellungen** (*Paramètres*), **Nachrichten** (*Messages*).

2. **Étiquetez des objets chez vous en allemand.**

- Placez des notes autocollantes avec le mot allemand sur vos affaires (exemple : **der Kühlschrank** pour le réfrigérateur).

3. **Commandez en allemand dans un restaurant allemand.**

- Si possible, visitez un bistrot ou une boulangerie allemande et commandez en allemand :

  - **Ich hätte gerne ein Brötchen und einen Kaffee.** (*J e voudrais un petit pain et un café.*)

6. Exercices Pratiques

Exercice 1 : Planifiez Votre Routine

Créez un planning de pratique quotidienne avec 10 à 15 minutes par jour.

- Exemple :

- Lundi : -> 5 min vocabulaire + 5 min lecture.

- Mardi : -> 10 min podcast.

Exercice 2 : Mettez en Pratique

1. Regardez une vidéo en allemand sur YouTube (par exemple *Easy German*).

2. Notez 5 mots ou expressions que vous avez appris, et créez une phrase pour chacun.

8. Corrections des Exercices

Exercice 1 : Exemple de Planning

- **Lundi:**

  - 5 minutes : Apprendre 10 nouveaux mots avec Anki.

  - 5 minutes : Lire un article court sur Deutsche Welle.

- **Mardi:**

  - 10 minutes : Écouter un épisode de *Slow German*.

  - 5 minutes : Répéter des phrases simples avec un

partenaire linguistique sur Tandem.

Exercice 2 : Exemple

Vidéo : Easy German – "Redewendungen im Alltag"

Mots appris :

1. **schaffen** (*réussir*).

   - Phrase : **Ich schaffe es!** (*Je vais y arriver !*)

2. **umweltfreundlich** (*écologique*).

   - Phrase : **Fahrradfahren ist umweltfreundlich.** (*Faire du vélo est écologique.*)

Leçon 30 : Consolidation et Plan pour Continuer à Progresser

Félicitations ! Vous êtes arrivé(e) à la fin de cet intense programme en 30 leçons pour apprendre l'allemand. Cette dernière leçon a pour but de récapituler ce que vous avez appris, de vous donner des conseils pour consolider vos compétences, et de vous proposer un plan pour continuer à progresser de manière autonome.

1. Ce que Vous Avez Appris en 30 Leçons

Bases Fondamentales :

- Les salutations, l'alphabet, les chiffres (leçons 1 et 2).

- Les structures de phrases simples : affirmatives, négatives, et interrogatives (leçons 3 et 4).

- Les articles définis et indéfinis, ainsi que la déclinaison des adjectifs (leçons 5, 6 et 11).

Communication Pratique :

- Le vocabulaire du voyage, de la vie quotidienne et de la communication (leçons 20 et 26).

- Les expressions idiomatiques pour enrichir votre discours (leçon 16).

- Les phrases conditionnelles pour exprimer des hypothèses et des souhaits (leçon 24).

Grammaire Avancée :

- Les verbes modaux au passé pour parler de permissions ou obligations (leçon 23).

- La voix passive pour structurer vos discours et récits (leçon 25).

- Les connecteurs logiques pour soutenir vos arguments (leçons 19 et 27).

Nuances Culturelles :

- L'allemand standard (*Hochdeutsch*) et les dialectes (leçon 28).

- Les outils pour comprendre et apprécier la culture allemande à travers la langue, les médias, et les traditions.

2. Bilan de Vos Forces et Points à Améliorer

Vos Forces :

- Vous avez consolidé les bases essentielles : vous êtes capable de comprendre et d'utiliser des phrases simples dans plusieurs contextes (voyage, travail, et vie quotidienne).

- Vous avez appris à structurer vos idées pour participer à des conversations informelles ou à des discussions plus complexes.

- Vous comprenez les subtilités de la grammaire allemande (cas accusatif, datif, participes passés, etc.).

À Améliorer :

- **Compréhension orale:** Si vous avez encore du mal à comprendre les natifs qui parlent vite, concentrez-vous sur des podcasts et des séries télévisées en allemand.

- **Précision grammaticale:** Révisez les déclinaisons et cas (par exemple, *dem/den/des*) régulièrement pour éviter les erreurs.

- **Fluence orale:** Si vous hésitez à parler, entraînez-vous avec des locuteurs natifs via des tandem linguistiques ou des cours en ligne.

3. Stratégies pour Continuer à Progresser

3.1 Fixez des Objectifs à Court et à Long Terme

Établir des objectifs clairs vous aidera à rester motivé(e) dans votre apprentissage.

Exemples d'objectifs à court terme :

- Apprendre 10 nouveaux mots par jour et les réviser avec *Anki*.

- Écouter un podcast en allemand 3 fois par semaine (par exemple *Slow German*).

- Rédiger un court journal en allemand tous les jours (2 à 3 phrases).

Exemples d'objectifs à long terme :

- Passer un test officiel comme le *Goethe-Zertifikat A2/B1* dans 6 mois.

- Tenir une conversation de 10 minutes avec un natif sans aide en 3 mois.

- Lire un livre complet en allemand dans les 4 prochains mois (par exemple *Café in Berlin*).

3.2 Intégrez l'Allemand à Votre Vie Quotidienne

Même sans vivre dans un pays germanophone, vous pouvez créer un environnement immersif :

1. **Télévision et Séries:** Regardez des séries comme *Dark* ou *Tatort* avec sous-titres en allemand.

2. **Musique:** Écoutez des chansons populaires allemandes (ex. : *Mark Forster, Helene Fischer, Rammstein*). Apprenez les paroles.

3. **Apps et Réseaux Sociaux:** Suivez des influenceurs ou des créateurs allemands sur Instagram ou TikTok.

4. Exercices de Synthèse

Exercice 1 : Expliquez en Allemand

1. Décrivez une journée typique dans votre vie.

2. Parlez de votre objectif principal en apprenant l'allemand.

Exercice 2 : Traduisez Ces Phrases

1. J'aimerais voyager en Allemagne pour découvrir sa culture.

2. Si j'avais plus de temps, je pratiquerais l'allemand tous les jours.

3. J'ai déjà regardé plusieurs séries en allemand, et je trouve cela très enrichissant.

Exercice 3 : Écrivez un Email en Allemand

Imaginez que vous souhaitez vous inscrire à un cours d'allemand. Rédigez un email formel.

5. Corrections des Exercices

Exercice 1 : Exemple de Réponse

1. **Ich stehe um 7 Uhr auf. Dann frühstücke ich und gehe zur Arbeit. Nach der Arbeit lese ich ein Buch oder sehe einen Film.**

2. **Mein Ziel ist, fließend Deutsch zu sprechen, weil ich in Deutschland reisen und arbeiten möchte.**

Exercice 2 : Traductions

1. J'aimerais voyager en Allemagne pour découvrir sa culture → **Ich möchte nach Deutschland reisen, um ihre Kultur kennenzulernen.**

2. Si j'avais plus de temps, je pratiquerais l'allemand tous les jours → **Wenn ich mehr Zeit hätte, würde ich jeden Tag Deutsch üben.**

3. J'ai déjà regardé plusieurs séries en allemand, et je trouve cela très enrichissant → **Ich habe schon mehrere Serien auf Deutsch gesehen, und ich finde das sehr bereichernd.**

Exercice 3 : Exemple d'Email

Betreff: Anfrage für einen Deutschkurs

Sehr geehrte Damen und Herren,

ich interessiere mich für Ihren Deutschkurs und möchte gerne weitere Informationen erhalten. Könnten Sie mir bitte die Kurszeiten und die Preise mitteilen? Außerdem möchte ich wissen, ob Sie auch Abendkurse anbieten.

Vielen Dank im Voraus.

Mit freundlichen Grüßen,
[Votre Nom]

Partie II : L'essentiel de la grammaire allemande

Avant de plonger dans la grammaire allemande, il est essentiel de se familiariser avec l'alphabet et la prononciation des lettres en allemand. Cela vous facilitera la tâche pour lire, écrire et prononcer correctement les mots allemands.

Chapitre 1 : L'alphabet allemand

L'alphabet allemand se compose de 26 lettres, qui sont identiques à celles de l'alphabet latin, ainsi que de quatre

lettres supplémentaires : ä, ö, ü, et ß.
Voici l'alphabet allemand :

- A, a
- B, b
- C, c
- D, d
- E, e
- F, f
- G, g
- H, h
- I, i
- J, j
- K, k
- L, l
- M, m
- N, n
- O, o
- P, p
- Q, q
- R, r
- S, s
- T, t

- U, u
- V, v
- W, w
- X, x
- Y, y
- Z, z
- Ä, ä
- Ö, ö
- Ü, ü
- ß (eszett)

Prononciation des lettres

Lettres et leurs sons

Voici quelques règles de prononciation de l'alphabet allemand :

1. **Les voyelles :**

   - *A* se prononce comme dans "père".

   - *E* se prononce comme dans "été".

   - *I* se prononce comme dans "si".

   - *O* se prononce comme dans "eau".

- *U* se prononce comme dans "où".

2. **Les voyelles avec tréma** :

    - *ä* se prononce comme un mélange entre "é" et "è".

    - *ö* se prononce comme "eu" en français.

    - *ü* se prononce comme "u" mais en arrondissant les lèvres.

3. **La lettre ß** :

    - *ß* se prononce comme un "s" long (ss). On l'utilise après une voyelle longue ou un diphtongue.

    - Exemple : Straße (rue)

4. **Les consonnes** :

    - La plupart des consonnes se prononcent comme en français. Cependant, certaines ont des différences notables :

- *W* se prononce comme un "v" en français.

- *V* se prononce souvent comme "f".

- *Z* se prononce comme "ts".

Exemples de prononciation

- Apfel (pomme) /ˈap.fəl/

- schön (beau) /ʃøːn/

- entweder (soit...soit) /ˈɛntˌvaːdər/

Exercices

Exercice 1 : Écoute et reproduction

1. Prononcez chaque lettre de l'alphabet allemand à haute voix.

2. Essayez de prononcer les voyelles avec tréma et faites attention à la différence avec les voyelles sans tréma.

Exercice 2 : Identification des sons

Écoutez les mots suivants et identifiez la lettre ou le son :

1. **Äpfel** : Quelle est la lettre qui commence le mot ?

2. **Bäume** : Quel son produit le "ä" ?

3. **Füße** : Comment se prononce "ü" ?

Exercice 3 : Écriture

1. Écrivez l'alphabet allemand en utilisant des lettres cursives.

2. Écrivez cinq mots allemands que vous connaissez (par exemple : Haus, Katze, Hund).

Corrections

Correction de l'exercice 2 :

1. **Äpfel** : La lettre qui commence le mot est *A*.

2. **Bäume** : Le "ä" se prononce comme un mélange entre "é" et "è".

3. **Füße** : Le "ü" se prononce en arrondissant les lèvres, comme dans "u".

Correction de l'exercice 3 :

Allez-y et comparez votre écriture avec l'alphabet pour vous assurer que chaque lettre est correcte. Vous pouvez également demander à un professeur ou à un ami germanophone de vérifier votre prononciation.

Chapitre 2 : La structure de base des phrases et l'ordre des mots

La structure des phrases en allemand diffère de celle du français. Comprendre l'ordre des mots est crucial pour construire des phrases correctes et naturelles. Dans ce chapitre, nous explorerons les règles de base de la structure des phrases en allemand.

La structure de base d'une phrase allemande

En allemand, l'ordre de base des mots dans une phrase déclarative simple est :

Sujet + Verbe conjugué + Complément(s)

Exemple :

- Ich lese ein Buch. (Je lis un livre.)

- Der Hund spielt im Garten. (Le chien joue dans le jardin.)

La position du verbe

1. Dans les phrases déclaratives

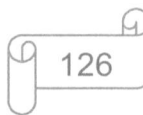

Le verbe conjugué occupe toujours la deuxième position dans une phrase déclarative principale.

Exemple :

- Heute gehe ich ins Kino. (Aujourd'hui, je vais au cinéma.)

2. Dans les questions

Dans les questions, le verbe conjugué se place en première position :

- Kommst du mit? (Viens-tu avec moi ?)

- Spielen die Kinder Fußball? (Les enfants jouent-ils au football ?)

3. Dans les phrases subordonnées

Dans les propositions subordonnées, le verbe conjugué se place à la fin :

- Ich weiß, dass er morgen kommt. (Je sais qu'il vient demain.)

Les compléments

Après le verbe conjugué, l'ordre des compléments suit généralement la règle Te-Ka-Mo-Lo :

- Temporel (quand ?)

- Kausal (pourquoi ?)

- Modal (comment ?)

- Local (où ?)

Exemple :

- Ich fahre morgen (Te) mit dem Zug (Mo) nach Berlin (Lo). (Je vais demain à Berlin en train.)

Les verbes à particule séparable

Dans les phrases principales, la particule séparable se place à la fin de la phrase :

- Ich rufe dich morgen an. (Je t'appelle demain.)

Exercices

Exercice 1 : Ordre des mots

Remettez les mots dans le bon ordre pour former des phrases correctes :

1. Buch - lese - ich - das - gerade

2. in - wohnt - Berlin - er - seit - Jahren - drei

3. Freunde - treffe - ich - meine - oft - am Wochenende

Exercice 2 : Questions

Transformez ces phrases déclaratives en questions :

1. Du kommst morgen.

2. Sie spricht Deutsch.

3. Ihr geht ins Kino.

Exercice 3 : Phrases subordonnées

Complétez ces phrases avec la conjonction "dass" et placez le verbe correctement :

1. Ich glaube, _____ er morgen _____ (kommen).

2. Sie sagt, _____ sie Deutsch _____ (lernen).

3. Wir hoffen, _____ das Wetter schön _____ (sein).

Corrections

Correction de l'exercice 1 :

1. Ich lese gerade das Buch.

2. Er wohnt seit drei Jahren in Berlin.

3. Ich treffe meine Freunde oft am Wochenende.

Correction de l'exercice 2 :

1. Kommst du morgen?

2. Spricht sie Deutsch?

3. Geht ihr ins Kino?

Correction de l'exercice 3 :

1. Ich glaube, dass er morgen kommt.

2. Sie sagt, dass sie Deutsch lernt.

3. Wir hoffen, dass das Wetter schön ist.

Comprendre l'ordre des mots en allemand est essentiel pour construire des phrases correctes.

Chapitre 3 : Les articles et le genre des noms en allemand

En allemand, chaque nom a un genre grammatical : masculin, féminin ou neutre. Comprendre le genre des noms et l'utilisation correcte des articles est crucial pour maîtriser la langue allemande. Ce chapitre vous guidera à travers les bases de ce concept important.

Les articles définis

En allemand, il existe trois articles définis, correspondant aux trois genres :

- Masculin : der

- Féminin : die

- Neutre : das

Au pluriel, l'article défini est toujours "die", quel que soit le genre du nom au singulier.

Exemples :

- der Mann (l'homme)

- die Frau (la femme)

- das Kind (l'enfant)

- die Kinder (les enfants)

Les articles indéfinis

Les articles indéfinis en allemand sont :

- Masculin : ein

- Féminin : eine

- Neutre : ein

Il n'y a pas d'article indéfini au pluriel en allemand.

Exemples :

- ein Mann (un homme)

- eine Frau (une femme)

- ein Kind (un enfant)

Comment déterminer le genre d'un nom

Il n'existe malheureusement pas de règle absolue pour déterminer le genre d'un nom en allemand. Cependant, voici quelques indications utiles :

1. Sont généralement masculins :

  - Les jours, mois et saisons : der Montag, der Januar, der Sommer

  - Les points cardinaux : der Norden (le nord)

  - Les noms se terminant par -er : der Computer

2. Sont généralement féminins :

  - Les noms se terminant par -ung, -heit, -keit : die Zeitung (le journal), die Freiheit (la liberté)

  - La plupart des noms se terminant par -e : die Tasche (le sac)

3. Sont généralement neutres :

  - Les couleurs utilisées comme noms : das Blau (le bleu)

  - Les noms commençant par Ge- : das Gespräch (la conversation)

  - La plupart des noms se terminant par -chen ou -lein (diminutifs) : das Mädchen (la petite fille)

Exercices

Exercice 1 : Identification du genre

Déterminez le genre (masculin, féminin ou neutre) des noms suivants :

1. Tisch (table)
2. Buch (livre)
3. Blume (fleur)
4. Auto (voiture)
5. Apfel (pomme)

Exercice 2 : Articles définis

Complétez les phrases avec l'article défini correct (der, die, das) :

1. ____ Hund bellt. (Le chien aboie.)
2. ____ Sonne scheint. (Le soleil brille.)
3. ____ Wasser ist kalt. (L'eau est froide.)

Exercice 3 : Articles indéfinis

Traduisez ces phrases en allemand en utilisant l'article indéfini approprié :

1. Un chat dort sur le canapé.
2. Une pomme est sur la table.
3. Un enfant joue dans le jardin.

Corrections

Correction de l'exercice 1 :

1. Tisch - masculin (der Tisch)
2. Buch - neutre (das Buch)
3. Blume - féminin (die Blume)
4. Auto - neutre (das Auto)
5. Apfel - masculin (der Apfel)

Correction de l'exercice 2 :

1. Der Hund bellt.
2. Die Sonne scheint.
3. Das Wasser ist kalt.

Correction de l'exercice 3 :

1. Eine Katze schläft auf dem Sofa.
2. Ein Apfel liegt auf dem Tisch.
3. Ein Kind spielt im Garten.

La maîtrise des articles et du genre des noms est essentielle en allemand. Bien qu'il n'y ait pas de règle absolue, la pratique régulière vous aidera à mémoriser le genre des noms.

Chapitre 4 : La déclinaison des adjectifs en allemand

La déclinaison des adjectifs est un aspect crucial de la grammaire allemande. Les adjectifs changent de forme selon le genre, le nombre et le cas du nom qu'ils qualifient.

Les trois types de déclinaisons

En allemand, il existe trois types de déclinaisons pour les adjectifs :

1. Après un article défini (der, die, das)

2. Après un article indéfini (ein, eine) ou sans article

3. Sans article (également appelée déclinaison forte)

1. Déclinaison après un article défini

Lorsqu'un adjectif suit un article défini, il prend les terminaisons suivantes :

Cas	Masculin	Féminin	Neutre	Pluriel
Nominatif	-e	-e	-e	-en
Accusatif	-en	-e	-e	-en
Datif	-en	-en	-en	-en
Génitif	-en	-en	-en	-en

Exemple : der große Mann (le grand **homme**)

2. Déclinaison après un article indéfini ou sans article

Cas	Masculin	Féminin	Neutre	Pluriel
Nominatif	-er	-e	-es	-e
Accusatif	-en	-e	-es	-e
Datif	-en	-en	-en	-en
Génitif	-en	-en	-en	-er

Exemple : ein großer Mann (un grand homme)

3. Déclinaison sans article (forte)

Cas	Masculin	Féminin	Neutre	Pluriel
Nominatif	-er	-e	-es	-e
Accusatif	-en	-e	-es	-e
Datif	-em	-er	-em	-en
Génitif	-en	-er	-en	-er

Exemple : großer Mann (grand homme)

Exercices

Exercice 1 : Déclinaison après un article défini

Complétez les phrases avec la forme correcte de l'adjectif entre parenthèses :

1. Der _____ (alt) Mann geht spazieren.

2. Ich mag die ____ (rot) Blume.

3. Das ____ (klein) Kind spielt im Garten.

Exercice 2 : Déclinaison après un article indéfini

Traduisez ces phrases en allemand en utilisant la bonne déclinaison :

1. Une belle femme

2. Un grand livre

3. De petits chiens

Exercice 3 : Déclinaison sans article

Complétez les phrases avec la forme correcte de l'adjectif :

1. ____ Wasser (kalt) ist gesund. (Nominatif neutre)

2. Er trinkt ____ Kaffee. (stark) (Accusatif masculin)

3. Sie hilft ____ Menschen. (alt) (Datif pluriel)

Corrections

Correction de l'exercice 1 :

1. Der alte Mann geht spazieren.

2. Ich mag die rote Blume.

3. Das kleine Kind spielt im Garten.

Correction de l'exercice 2 :

1. Eine schöne Frau

2. Ein großes Buch

3. Kleine Hunde

Correction de l'exercice 3 :

1. Kaltes Wasser ist gesund.

2. Er trinkt starken Kaffee.

3. Sie hilft alten Menschen.

La déclinaison des adjectifs en allemand peut sembler complexe au début, mais avec de la pratique, elle deviendra plus naturelle.

Chapitre 5 : Les cas en allemand

Les cas sont un aspect fondamental de la grammaire allemande. Ils indiquent la fonction des mots dans une phrase et influencent la forme des articles, des adjectifs et des pronoms.

Les quatre cas

1. Nominatif (Nominativ) : le sujet de la phrase

2. Accusatif (Akkusativ) : l'objet direct

3. Datif (Dativ) : l'objet indirect

4. Génitif (Genitiv) : indique la possession

1. Le nominatif

Le nominatif est le cas du sujet de la phrase. C'est la forme de base des noms.

Articles définis au nominatif : der (masculin), die (féminin), das (neutre), die (pluriel)

Exemple :

- Der Mann liest ein Buch. (L'homme lit un livre.)

2. L'accusatif

L'accusatif est utilisé pour l'objet direct du verbe.

Articles définis à l'accusatif : den (masculin), die (féminin), das (neutre), die (pluriel)

Exemple :

- Ich sehe den Mann. (Je vois l'homme.)

3. Le datif

Le datif est utilisé pour l'objet indirect et après certaines prépositions.

Articles définis au datif : dem (masculin et neutre), der (féminin), den (pluriel)

Exemple :

- Ich gebe dem Mann das Buch. (Je donne le livre à l'homme.)

4. Le génitif

Le génitif exprime la possession ou l'appartenance.

Articles définis au génitif : des (masculin et neutre), der (féminin et pluriel)

Exemple :

- Das ist das Auto des Mannes. (C'est la voiture de l'homme.)

Prépositions et cas

Certaines prépositions sont toujours suivies d'un cas spécifique :

- Accusatif : durch, für, gegen, ohne, um

- Datif : aus, bei, mit, nach, seit, von, zu

- Génitif : während, wegen, trotz

D'autres prépositions peuvent être suivies de l'accusatif ou du datif selon le contexte (in, an, auf, etc.).

Exercices

Exercice 1 : Identification des cas

Identifiez le cas utilisé dans chaque phrase :

1. Die Katze schläft auf dem Sofa.

2. Ich kaufe einen Apfel.

3. Das Buch des Lehrers ist interessant.

Exercice 2 : Complétion avec l'article correct

Complétez les phrases avec l'article défini au cas approprié :

1. Ich gebe _____ Hund einen Knochen. (masculin, datif)

2. Sie liest _____ Buch. (neutre, accusatif)

3. Das ist das Fahrrad _____ Kindes. (neutre, génitif)

Exercice 3 : Traduction

Traduisez ces phrases en allemand en utilisant le cas correct :

1. Je donne le livre à la femme.

2. L'enfant joue avec le chien.

3. La voiture de mon père est rouge.

Corrections

Correction de l'exercice 1 :

1. Datif (dem Sofa)

2. Accusatif (einen Apfel)

3. Génitif (des Lehrers)

Correction de l'exercice 2 :

1. dem

2. das

3. des

Correction de l'exercice 3 :

1. Ich gebe der Frau das Buch.

2. Das Kind spielt mit dem Hund.

3. Das Auto meines Vaters ist rot.

Les cas en allemand sont essentiels pour construire des phrases correctes et exprimer clairement les relations entre les mots. Avec de la pratique, vous deviendrez plus à l'aise avec leur utilisation.

Chapitre 6 : Les verbes allemands et leur conjugaison

Les verbes sont au cœur de toute langue, et l'allemand ne fait pas exception.

La structure de base d'un verbe allemand

En allemand, les verbes à l'infinitif se terminent généralement par -en :

• spielen (jouer)

• machen (faire)

• lernen (apprendre)

Conjugaison des verbes réguliers au présent

Pour conjuguer un verbe régulier au présent, on retire le -en de l'infinitif et on ajoute les terminaisons suivantes :

- ich (je) : -e

- du (tu) : -st

- er/sie/es (il/elle/on) : -t

- wir (nous) : -en

- ihr (vous, pluriel familier) : -t

- sie/Sie (ils/elles/vous formel) : -en

Exemple avec "spielen" (jouer) :

- ich spiele

- du spielst

- er/sie/es spielt

- wir spielen

- ihr spielt

- sie/Sie spielen

Verbes irréguliers courants

Certains verbes très utilisés ont des conjugaisons irrégulières. En voici quelques-uns :

1. sein (être)

   - ich bin

   - du bist

   - er/sie/es ist

   - wir sind

   - ihr seid

   - sie/Sie sind

2. haben (avoir)

   - ich habe

   - du hast

   - er/sie/es hat

   - wir haben

   - ihr habt

   - sie/Sie haben

3. werden (devenir)

   - ich werde

   - du wirst

   - er/sie/es wird

   - wir werden

   - ihr werdet

   - sie/Sie werden

Verbes à changement de voyelle

Certains verbes changent leur voyelle radicale à la 2ème et 3ème personne du singulier :

1. fahren (conduire) : a → ä

135

- ich fahre

- du fährst

- er/sie/es fährt

- wir fahren

- ihr fahrt

- sie/Sie fahren

2. sprechen (parler) : e → i

- ich spreche

- du sprichst

- er/sie/es spricht

- wir sprechen

- ihr sprecht

- sie/Sie sprechen

Exercices

Exercice 1 : Conjugaison de verbes réguliers

Conjuguez le verbe "machen" (faire) à toutes les personnes.

Exercice 2 : Verbes irréguliers

Complétez les phrases avec la forme correcte du verbe entre parenthèses :

1. Ich _____ in Berlin. (sein)

2. Er _____ einen Hund. (haben)

3. Wir _____ nach Hause. (fahren)

Exercice 3 : Traduction

Traduisez ces phrases en allemand :

1. Je parle allemand.

2. Tu as un livre.

3. Nous faisons nos devoirs.

Corrections

Correction de l'exercice 1 :

- ich mache

- du machst

- er/sie/es macht

- wir machen

- ihr macht

- sie/Sie machen

Correction de l'exercice 2 :

1. bin

2. hat

3. fahren

Correction de l'exercice 3 :

1. Ich spreche Deutsch.

2. Du hast ein Buch.

3. Wir machen unsere Hausaufgaben.

La conjugaison des verbes en allemand peut sembler complexe au début, mais avec de la pratique, elle deviendra plus naturelle.

Chapitre 7 : Les temps du passé en allemand

L'allemand possède plusieurs temps pour exprimer le passé.

Le passé composé (Perfekt)

Le Perfekt est très utilisé dans la langue parlée et s'emploie pour décrire des actions passées et terminées.

Formation du Perfekt

Le Perfekt se compose de deux parties :

1. L'auxiliaire "haben" ou "sein" conjugué au présent

2. Le participe passé du verbe principal

Auxiliaire "haben" ou "sein"

- La plupart des verbes utilisent "haben" comme auxiliaire

- Les verbes de mouvement et de changement d'état utilisent "sein"

Participe passé

Pour former le participe passé :

- Verbes réguliers : ge- + base du verbe + -t
  Exemple : spielen → gespielt

- Verbes se terminant par -ieren : pas de ge-, juste base du verbe + -t
  Exemple : studieren → studiert

- Verbes irréguliers : ge- + forme irrégulière (à apprendre par cœur)
  Exemple : gehen → gegangen

Exemples

- Ich habe ein Buch gelesen. (J'ai lu un livre.)

- Sie ist nach Berlin gefahren. (Elle est allée à Berlin.)

Le prétérit (Präteritum)

Le Präteritum est principalement utilisé dans la langue écrite, notamment dans les récits et les textes littéraires.

Formation du Präteritum

Pour les verbes réguliers, on ajoute les terminaisons suivantes à la base du verbe :

- ich: -te

- du: -test

- er/sie/es : -te

- wir : -ten

- ihr : -tet

- sie/Sie : -ten

Exemple avec "spielen" (jouer) :

- ich spielte

- du spieltest

- er/sie/es spielte

- wir spielten

- ihr spieltet

- sie/Sie spielten

Verbes irréguliers au Präteritum

Les verbes irréguliers ont des formes spécifiques au Präteritum qu'il faut apprendre. Voici quelques exemples courants :

- sein (être) : ich war, du warst, er/sie/es war...

- haben (avoir) : ich hatte, du hattest, er/sie/es hatte...

- gehen (aller) : ich ging, du gingst, er/sie/es ging...

Exercices

Exercice 1 : Perfekt

Mettez ces phrases au Perfekt :

1. Ich lerne Deutsch. (J'apprends l'allemand.)

2. Er fährt nach München. (Il va à Munich.)

3. Wir spielen Fußball. (Nous jouons au football.)

Exercice 2 : Präteritum

Conjuguez ces verbes au Präteritum à la personne indiquée :

1. kommen (venir) - ich

2. sehen (voir) - du

3. gehen (aller) - wir

Exercice 3 : Traduction

Traduisez ces phrases en allemand en utilisant le temps du passé approprié :

1. J'ai mangé une pomme hier.

2. Il était très content.

3. Nous avons visité Berlin l'année dernière.

Corrections

Correction de l'exercice 1 :

1. Ich habe Deutsch gelernt.

2. Er ist nach München gefahren.

3. Wir haben Fußball gespielt.

Correction de l'exercice 2 :

1. ich kam

2. du sahst

3. wir gingen

Correction de l'exercice 3 :

1. Ich habe gestern einen Apfel gegessen.

2. Er war sehr zufrieden.

3. Wir haben letztes Jahr Berlin besucht.

La maîtrise des temps du passé en allemand est essentielle pour raconter des événements passés. Le Perfekt est plus courant dans la langue parlée, tandis que le Präteritum est privilégié dans l'écriture formelle.

Chapitre 8 : Les verbes de modalité en allemand

Les verbes de modalité sont des verbes auxiliaires qui expriment une attitude ou un état d'esprit par rapport à une action. En allemand, ils sont essentiels pour exprimer des notions telles que la possibilité, l'obligation, la volonté ou la permission.

Les principaux verbes de modalité

1. können (pouvoir, être capable de)

2. müssen (devoir, être obligé de)

3. dürfen (avoir le droit de, être autorisé à)

4. sollen (devoir, être supposé)

5. wollen (vouloir)

6. mögen (aimer)

Conjugaison au présent

Ces verbes ont une conjugaison irrégulière :

1. können

   - ich kann

   - du kannst

   - er/sie/es kann

   - wir können

   - ihr könnt

   - sie/Sie können

2. müssen

   - ich muss

   - du musst

   - er/sie/es muss

   - wir müssen

   - ihr müsst

   - sie/Sie müssen

3. dürfen

- ich darf

- du darfst

- er/sie/es darf

- wir dürfen

- ihr dürft

- sie/Sie dürfen

4. sollen

  - ich soll

  - du sollst

  - er/sie/es soll

  - wir sollen

  - ihr sollt

  - sie/Sie sollen

5. wollen

  - ich will

  - du willst

  - er/sie/es will

  - wir wollen

  - ihr wollt

  - sie/Sie wollen

6. mögen

  - ich mag

- du magst

- er/sie/es mag

- wir mögen

- ihr mögt

- sie/Sie mögen

Utilisation des verbes de modalité

Les verbes de modalité sont généralement suivis d'un infinitif qui se place à la fin de la phrase :

- Ich kann Deutsch sprechen. (Je peux parler allemand.)

- Du musst deine Hausaufgaben machen. (Tu dois faire tes devoirs.)

- Wir wollen nach Berlin fahren. (Nous voulons aller à Berlin.)

Les verbes de modalité au passé

Au Perfekt, les verbes de modalité utilisent leur infinitif au lieu du participe passé :

- Ich habe nicht kommen können. (Je n'ai pas pu venir.)

- Er hat früh aufstehen müssen. (Il a dû se lever tôt.)

Exercices

Exercice 1 : Conjugaison

Conjuguez le verbe "können" à toutes les personnes au présent.

Exercice 2 : Utilisation

Complétez les phrases avec le verbe de modalité approprié :

1. Ich ＿＿ Deutsch lernen. (vouloir)

2. Er ＿＿ nicht schwimmen. (ne pas pouvoir)

3. Wir ＿＿ hier nicht rauchen. (ne pas avoir le droit de)

Exercice 3 : Traduction

Traduisez ces phrases en allemand en utilisant des verbes de modalité :

1. Je dois aller au travail.

2. Peux-tu m'aider ?

3. Nous voulons manger une pizza.

Corrections

Correction de l'exercice 1 :

- ich kann

- du kannst

- er/sie/es kann

- wir können

- ihr könnt

- sie/Sie können

Correction de l'exercice 2 :

1. will

2. kann

3. dürfen

Correction de l'exercice 3 :

1. Ich muss zur Arbeit gehen.

2. Kannst du mir helfen?

3. Wir wollen eine Pizza essen.

Les verbes de modalité sont essentiels en allemand pour exprimer des nuances importantes dans la communication. Leur maîtrise vous permettra d'exprimer plus précisément vos intentions et vos attitudes.

Chapitre 9 : Les verbes à particule séparable et inséparable

Les verbes à particule sont une caractéristique importante de la langue allemande. Ils se composent d'un verbe de base et d'un préfixe qui peut être séparable ou inséparable. Comprendre ces verbes est essentiel pour maîtriser l'allemand.

Les verbes à particule séparable

Dans ces verbes, le préfixe se sépare du verbe de base dans certaines constructions et se place à la fin de la phrase.

Préfixes séparables courants :

- ab- (off, away)
- an- (on, at)
- auf- (up, open)
- aus- (out)
- ein- (in, into)
- mit- (with, along)
- vor- (forward, in front of)
- zu- (to, closed)

Exemples :

- aufstehen (se lever) : Ich stehe früh auf. (Je me lève tôt.)
- anrufen (appeler) : Ich rufe dich morgen an. (Je t'appelle demain.)

Les verbes à particule inséparable

Ces verbes gardent leur préfixe attaché au verbe de base dans toutes les constructions.

Préfixes inséparables courants :

- be-
- emp-
- ent-
- er-
- ge-
- miss-
- ver-
- zer-

Exemples :

- verstehen (comprendre) : Ich verstehe die Frage. (Je comprends la question.)
- besuchen (visiter) : Wir besuchen unsere Großeltern. (Nous visitons nos grands-parents.)

Particularités

1. Au participe passé :

    - Préfixes séparables : le "ge-" s'insère entre le préfixe et le verbe Exemple : aufstehen → aufgestanden
    - Préfixes inséparables : pas de "ge-" Exemple : verstehen → verstanden

2. Dans les phrases subordonnées, les préfixes séparables restent attachés au verbe :

- Ich weiß, dass er früh aufsteht. (Je sais qu'il se lève tôt.)

Exercices

Exercice 1 : Identification

Identifiez si ces verbes ont des préfixes séparables ou inséparables :

1. ankommen (arriver)
2. erzählen (raconter)
3. mitbringen (apporter)

Exercice 2 : Conjugaison

Conjuguez ces verbes au présent à la première personne du singulier :

1. aufmachen (ouvrir)
2. verstehen (comprendre)
3. einladen (inviter)

Exercice 3 : Traduction

Traduisez ces phrases en allemand en utilisant des verbes à particule :

1. Je me lève à 7 heures.
2. Nous comprenons la leçon.
3. Il apporte un cadeau.

Corrections

Correction de l'exercice 1 :

1. ankommen - séparable
2. erzählen - inséparable
3. mitbringen - séparable

Correction de l'exercice 2 :

1. Ich mache auf
2. Ich verstehe
3. Ich lade ein

Correction de l'exercice 3 :

1. Ich stehe um 7 Uhr auf.
2. Wir verstehen die Lektion.
3. Er bringt ein Geschenk mit.

Les verbes à particule séparable et inséparable sont une partie intégrante de la langue allemande. Bien que leur utilisation puisse sembler complexe au début, avec de la pratique, vous deviendrez plus à l'aise avec ces constructions.

Chapitre 10 : Les conjonctions et la structure des phrases complexes

Ce dernier chapitre se concentre sur les conjonctions et la structure des phrases complexes en allemand. La maîtrise de ces éléments vous permettra de construire des phrases plus élaborées et d'exprimer des idées plus nuancées.

Les conjonctions de coordination

Ces conjonctions relient des éléments de même nature grammaticale sans modifier l'ordre des mots :

- und (et)
- aber (mais)
- oder (ou)
- denn (car)
- sondern (mais au contraire)

Exemple:
Ich lerne Deutsch und Französisch.
(J'apprends l'allemand et le français.)

Les conjonctions de subordination

Ces conjonctions introduisent une proposition subordonnée et modifient l'ordre des mots :

- dass (que)
- weil (parce que)
- wenn (si, quand)
- obwohl (bien que)
- als (quand - pour un événement unique dans le passé)
- während (pendant que)

Dans une proposition subordonnée, le verbe conjugué se place à la fin :

Exemple:
Ich weiß, dass er morgen kommt. (Je sais qu'il vient demain.)

Structure des phrases complexes

Phrase principale + phrase subordonnée :

Ich glaube, dass es morgen regnen wird.
(Je crois qu'il pleuvra demain.)

Phrase subordonnée + phrase principale :

Wenn es regnet, bleibe ich zu Hause.
(S'il pleut, je reste à la maison.)

Exercices

Exercice 1 : Conjonctions de coordination

Reliez ces phrases avec la conjonction appropriée :

1. Ich lerne Deutsch. Ich lerne Englisch. (und)

2. Er ist krank. Er geht zur Arbeit. (aber)

3. Möchtest du Tee? Möchtest du Kaffee? (oder)

Exercice 2 : Conjonctions de subordination

Complétez ces phrases avec la conjonction appropriée :

1. Ich weiß nicht, _____ er kommt. (si)

2. Wir bleiben zu Hause, ____ es regnet. (parce que)

3. ____ ich in Paris war, habe ich den Eiffelturm besucht. (quand)

Exercice 3 : Structure des phrases

Réorganisez ces éléments pour former des phrases complexes correctes :

1. ich - glaube - dass - er - krank - ist

2. wenn - du - kommst - ich - freue - mich - sehr

Corrections

Correction de l'exercice 1 :

1. Ich lerne Deutsch und Englisch.

2. Er ist krank, aber er geht zur Arbeit.

3. Möchtest du Tee oder Kaffee?

Correction de l'exercice 2 :

1. ob

2. weil

3. Als

Correction de l'exercice 3 :

1. Ich glaube, dass er krank ist.

2. Wenn du kommst, freue ich mich sehr.

Vous avez terminé ce cours intensif sur les bases essentielles de la grammaire allemande. La maîtrise des conjonctions et des structures de phrases complexes vous permettra d'exprimer des idées plus sophistiquées en allemand.

Partie III : La prononciation et la phonétique allemande

Dans cette partie, vous apprendrez à maîtriser la prononciation et la phonétique de l'allemand, un aspect essentiel pour parler la langue avec aisance et confiance. À travers des chapitres progressifs, nous explorerons les voyelles, les consonnes, l'accentuation, l'intonation et les liaisons, accompagnés d'exercices pratiques et de conseils.

Chapitre 1 : Les voyelles allemandes

La prononciation correcte des voyelles est essentielle pour parler allemand de manière fluide et naturelle. Ce chapitre se concentre sur les voyelles allemandes, leurs particularités et la façon de les prononcer correctement.

Les voyelles simples

L'allemand compte 8 voyelles simples :

1. a - comme dans "Apfel" (pomme)

2. e - comme dans "Bett" (lit)

3. i - comme dans "Bild" (image)

4. o - comme dans "Sonne" (soleil)

5. u - comme dans "Hund" (chien)

6. ä - comme dans "Käse" (fromage)

7. ö - comme dans "schön" (beau)

8. ü - comme dans "über" (au-dessus)

Particularités des voyelles allemandes

1. Voyelles longues et courtes : En allemand, la longueur des voyelles peut changer le sens des mots.

   - Exemple : "Staat" (état) vs "Stadt" (ville)

2. Les Umlauts (ä, ö, ü) : Ces voyelles n'existent pas en français et nécessitent une attention particulière.

Comment prononcer les voyelles allemandes

1. a : comme le "a" de "patte" en français

2. e : comme le "é" de "été" ou le "è" de "père" selon sa position

3. i : comme le "i" de "vie"

4. o : comme le "o" de "mot"

5. u : comme le "ou" de "bout"

6. ä : entre le "é" et le "è" français

7. ö : prononcez "é" en arrondissant les lèvres comme pour dire "o"

8. ü : prononcez "i" en arrondissant les lèvres comme pour dire "ou"

Exercices pratiques

1. Répétition :
Écoutez et répétez ces mots en vous concentrant sur la prononciation des voyelles :

- Ball (balle)

- Bett (lit)

- Bild (image)

- Boot (bateau)

- Buch (livre)

- Käse (fromage)

- schön (beau)

- über (au-dessus)

2. Paires minimales :
Pratiquez la distinction entre voyelles longues et courtes :

- Staat (état) / Stadt (ville)

- Miete (loyer) / Mitte (milieu)

- Ofen (four) / offen (ouvert)

3. Umlaut challenge :
Essayez de prononcer correctement ces mots contenant des Umlauts :

- Mädchen (fille)

- höflich (poli)

- Tür (porte)

Conseils et astuces

1. Pour les Umlauts, commencez par prononcer la voyelle de base (a, o, u) puis modifiez progressivement la position de votre bouche.

2. Utilisez un miroir pour observer la position de vos lèvres lors de la prononciation des voyelles, en particulier pour les Umlauts.

3. Écoutez régulièrement des enregistrements de locuteurs natifs pour vous familiariser avec les sons.

4. N'hésitez pas à exagérer la prononciation au début, cela vous aidera à mieux sentir les différences entre les sons.

La maîtrise des voyelles allemandes est un premier pas crucial vers une prononciation correcte.

Chapitre 2 : Les consonnes allemandes

Après avoir exploré les voyelles, nous nous concentrons maintenant sur les consonnes allemandes. Bien que de nombreuses consonnes soient similaires au français, certaines présentent des particularités importantes à maîtriser pour une prononciation authentique.

Les consonnes spécifiques à l'allemand

1. ch - deux prononciations distinctes :

   - Son doux après e, i, ä, ö, ü (comme dans "ich")

   - Son dur après a, o, u (comme dans "Bach")

2. r - prononcé de façon gutturale, au fond de la gorge

3. ß (eszett) - prononcé comme un "s" fort

4. z - prononcé "ts"

5. w - prononcé comme un "v" français

Comment prononcer les consonnes spécifiques

1. ch doux : comme le "j" espagnol dans "juego"

2. ch dur : comme le "j" espagnol dans "ajo"

3. r : comme le "r" grasseyé parisien

4. ß : comme le "ss" dans "poisson"

5. z : comme "ts" dans "tsunami"

6. w : comme le "v" dans "vent"

Groupes de consonnes importants

1. sch - prononcé comme "ch" en français (ex: Schule - école)

2. st au début d'un mot - prononcé "cht" (ex: Straße - rue)

3. sp au début d'un mot - prononcé "chp" (ex: sprechen - parler)

Exercices pratiques

1. Répétition du "ch" :

   - ich (je)

   - machen (faire)

   - Buch (livre)

   - Mädchen (fille)

2. Pratique du "r" :

   - Rot (rouge)

   - Brot (pain)

   - trinken (boire)

3. Consonnes spécifiques :

- Straße (rue)

- Zug (train)

- wissen (savoir)

4. Groupes de consonnes :

  - Schule (école)

  - sprechen (parler)

  - stehen   (être debout)

Exercice de phrases

Lisez ces phrases à voix haute en vous concentrant sur la prononciation des consonnes :

1. Ich spreche Deutsch. (Je parle allemand.)

2. Das Buch ist sehr interessant. (Le livre est très intéressant.)

3. Wir wohnen in der Straße. (Nous habitons dans la rue.)

Conseils et astuces

1. Pour le "ch" doux, imaginez que vous essayez de faire de la buée sur un miroir.

2. Pour le "r" guttural, essayez de prononcer un "g" très doux au fond de la gorge.

3. Pratiquez le "z" en prononçant rapidement "t" suivi de "s".

4. Pour "sp" et "st" au début des mots, pensez à ajouter un léger souffle avant le "p" ou le "t".

La maîtrise des consonnes allemandes, en particulier celles qui diffèrent du français, est cruciale pour une prononciation authentique.

Chapitre 3 : L'accentuation et l'intonation en allemand

L'accentuation et l'intonation jouent un rôle crucial dans la prononciation allemande. Elles donnent du rythme à la langue et aident à transmettre le sens et les nuances des phrases.

L'accentuation des mots

En allemand, l'accent tonique est généralement placé sur la première syllabe du radical du mot. Cependant, il existe des exceptions importantes à connaître.

Règles principales :

1. Mots simples : accent sur la première syllabe Ex : 'Apfel (pomme), 'Tisch (table)

2. Mots composés : accent sur le premier élément

Ex : 'Hauptstadt (capitale), 'Bahnhof (gare)

3. Verbes à particule séparable : accent sur la particule
   Ex : 'aufstehen (se lever), 'ankommen (arriver)

4. Mots avec préfixes inséparables (be-, ge-, er-, ver-, zer-, etc.) : accent sur le radical
   Ex : be'kommen (recevoir), ver'stehen (comprendre)

5. Mots d'origine étrangère : souvent accentués différemment
   Ex : Restau'rant, Mu'sik

L'intonation des phrases

L'intonation en allemand suit généralement ces principes :

1. Phrases déclaratives : ton descendant à la fin
   Ex : Ich gehe nach Hause. (Je rentre à la maison.)

2. Questions fermées (oui/non) : ton montant à la fin
   Ex : Kommst du mit? (Tu viens ?)

3. Questions ouvertes (avec mot interrogatif) : ton descendant à la fin
   Ex : Wo wohnst du? (Où habites-tu ?)

4. Phrases exclamatives : ton fortement descendant
   Ex : Das ist ja toll! (C'est génial !)

Exercices pratiques

1. Accentuation des mots : Prononcez ces mots en mettant l'accent sur la bonne syllabe :

   - Frühstück (petit-déjeuner)

   - Universität (université)

   - aufstehen (se lever)

   - verstehen (comprendre)

   - Telefon (téléphone)

2. Intonation des phrases : Lisez ces phrases à voix haute en respectant l'intonation correcte :

   - Ich lerne Deutsch. (J'apprends l'allemand.)

   - Sprichst du Englisch? (Parles-tu anglais ?)

   - Was machst du heute Abend? (Que fais-tu ce soir ?)

- Das ist wirklich interessant! (C'est vraiment intéressant !)

3. Dialogue :
   Lisez ce dialogue en prêtant attention à l'accentuation et à l'intonation :

A: Hallo! Wie geht's?
B: Gut, danke. Und dir?
A: Auch gut. Hast du am Wochenende Zeit?
B: Ja, warum?
A: Ich möchte ins Kino gehen. Kommst du mit?
B: Gerne! Das ist eine tolle Idee!

L'accentuation et l'intonation sont des aspects cruciaux de la prononciation allemande qui contribuent grandement à une communication claire et naturelle.

Chapitre 4 : Les liaisons et les enchaînements en allemand

Les liaisons et les enchaînements sont des éléments essentiels de la phonétique allemande qui aident à fluidifier la parole et à rendre les phrases plus naturelles. Ce chapitre se concentrera sur les règles de liaison et les techniques d'enchaînement qui faciliteront votre prononciation en allemand.

Les liaisons

En allemand, les liaisons ne sont pas aussi fréquentes qu'en français, mais elles existent dans certaines situations. Une liaison se produit généralement lorsque deux mots se suivent et que la consonne finale du premier mot est prononcée avec la voyelle initiale du second mot.

Exemples de liaisons :

1. **Liaison avec des articles :**

   - der Apfel → [dɛʁ a:pfəl] (sans liaison)

   - der Apfel ist rot → [dɛʁ ˈa:pfəl ɪst ʁoːt] (pas de liaison)

2. **Liaison avec des verbes et des prépositions :**

   - zu + der Tisch → [tsy: dɛʁ tɪʃ] (liaison en pratique)

   - Ich gehe zu dem Tisch → [ɪç ˈgeːə tsu: dɛm tɪʃ]

Les enchaînements

Les enchaînements consistent à relier la fin d'un mot à une voyelle ou un "h" du mot suivant. Cela est fréquent dans la langue parlée.

Exemples d'enchaînements :

1. **Entre un nom et un adjectif** :

   - Ein schöner Tag → [aɪn ˈʃøːnɐ taːk]

   - Une liaison se forme entre "ein" et "schöner".

2. **Entre le verbe et l'objet** :

   - Er sieht es → [eːɐ̯ ziːt ɛs]

   - L'enchaînement se produit entre le verbe "sieht" et le pronom "es".

Techniques pour pratiquer les liaisons et les enchaînements

1. **Écoute active** : Écoutez des locuteurs natifs via des podcasts, des films ou des chansons et notez où les liaisons et les enchaînements se produisent.

2. **Répétition** : Répétez des phrases après les locuteurs natifs, en vous concentrant sur la prononciation fluide et l'enchaînement des sons.

3. **Lecture à haute voix** : Lisez des textes à haute voix pour pratiquer les liaisons sans pression. Commencez lentement pour intégrer les connexions, puis augmentez la vitesse.

Exercices pratiques

Exercice 1 : Liaisons

Identifiez si une liaison est nécessaire dans ces phrases et prononcez-les :

1. Der Hund ist groß.

2. Das Mädchen spielt.

3. Ich habe ein Auto.

Exercice 2 : Enchaînements

Lisez ces phrases à voix haute en mettant l'accent sur les enchaînements :

1. Peter und Maria gehen zusammen.

2. Er sieht einen schönen Film.

3. Wir gehen ins Restaurant.

Exercice 3 : Dialogue

Pratiquez ce dialogue avec un partenaire ou enregistre-vous :

A: Kommst du mit ins Kino?
B: Ja, ich habe Lust darauf.
A: Was für einen Film wollen wir sehen?
B: Ich habe gehört, dass der neue Film sehr gut ist.

Corrections

Correction de l'exercice 1 :

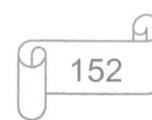

1. Der Hund ist groß. → Pas de liaison.

2. Das Mädchen spielt. → Pas de liaison.

3. Ich habe ein Auto. → Liaison entre "habe" et "ein".

Correction de l'exercice 2 :

Les enchaînements doivent être prononcés naturellement. Soyez attentif à l'atténuation des pauses entre les mots.

Correction de l'exercice 3 :

Écoutez l'enregistrement ou pratiquez le dialogue avec un partenaire en gardant à l'esprit les liaisons et les enchaînements.

Les liaisons et les enchaînements sont des éléments clés de la phonétique allemande qui améliorent la fluidité de votre discours. Avec la pratique régulière, vous serez capable de prononcer des phrases allemandes de manière plus naturelle et aisée.

Chapitre 5 : L'intonation et l'expression dans différents contextes

L'intonation et l'expression intonative sont essentielles en allemand pour transmettre des émotions, structurer des phrases complexes et s'adapter à différents contextes. Ce dernier chapitre vous apprendra à moduler votre intonation en fonction de la situation, que ce soit pour poser une question, exprimer une émotion ou mettre l'accent sur une idée importante.

L'intonation dans les différents types de phrases

1. Phrases déclaratives

Pour une phrase déclarative, le ton est généralement descendant. C'est le cas des phrases affirmatives ou des phrases descriptives.

Exemple :

- Ich gehe morgen zur Schule. (Je vais à l'école demain.)

    - Intonation : [$$ descendant à la fin de la phrase.

2. Questions fermées (oui/non)

Pour les questions fermées, le ton monte à la fin de la phrase, indiquant une attente de réponse.

Exemple :

- Kommst du mit? (Tu viens ?)

    - Intonation : [/$$ montant à la fin.

3. Questions ouvertes (avec mot interrogatif)

Dans les questions ouvertes (commençant par "Wer", "Was", "Wo", etc.), l'intonation reste généralement descendante, car elles introduisent une demande d'information.

Exemple :

- Wo wohnst du? (Où habites-tu ?)
    - Intonation : [$$ descendant.

4. Phrases exclamatives

Les phrases exclamatives sont prononcées avec un ton fortement descendant, souvent accompagné d'un accent sur certains mots pour exprimer une émotion.

Exemple :

- Das ist unglaublich! (C'est incroyable !)
    - Intonation : [$$ fortement descendant.

L'accentuation dans les phrases complexes

Dans une phrase complexe, l'accentuation sert à structurer les idées ou à mettre en avant certaines parties importantes.

Exemple :

- Ich denke, **dass er morgen kommen wird.** (Je pense qu'il viendra demain.)
    - L'accent est mis sur "morgen" pour indiquer le moment important de l'action.

Exercices pratiques

Exercice 1 : Identifier l'intonation

Écoutez ou lisez ces phrases et identifiez si le ton est montant ou descendant :

1. Gehst du ins Kino?

2. Ich habe gestern ein Buch gelesen.

3. Woher kommst du?

4. Das ist ja fantastisch!

Exercice 2 : Phrase à compléter avec l'accentuation appropriée

Complétez les phrases en ajoutant l'accentuation sur les mots clés :

1. Ich denke, _____ heute besseres Wetter sein wird. (ajoutez un accent sur "heute").

2. Ich weiß, _____ du das kannst.

Exercice 3 : Entraînement pratique

Lisez ce dialogue à voix haute en respectant l'intonation de chaque phrase :

A : Hallo, wie geht's dir?
B : Gut, danke! Und dir?
A : Auch gut. Willst du heute Abend ins Kino gehen?
B : Ja, das klingt super. Was ist das für ein Film?
A : Ein neuer Film über Natur und Umweltschutz.
B : Das hört sich interessant an!

Conseils pour améliorer votre intonation et votre expression

1. **Écoutez les natifs** : Regardez des films ou écoutez des podcasts en allemand pour mieux comprendre les variations intonatives.

2. **Entraînez-vous avec des questions** : Pratiquez les questions fermées et ouvertes pour bien différencier le ton montant et descendant.

3. **Accentuez les mots clés** : Lors de la lecture ou conversation, repérez les mots ou idées importants et mettez-les en valeur.

4. **Mimétisme** : Répétez après des locuteurs natifs en imitant leur intonation et leur rythme.

Corrections

Correction de l'exercice 1 :

1. Gehst du ins Kino? → [/] montant

2. Ich habe gestern ein Buch gelesen. → [$$ descendant

3. Woher kommst du? → [$$ descendant

4. Das ist ja fantastisch! → [$$ fortement descendant.

Correction de l'exercice 2 :

1. Ich denke, **heute** besseres Wetter sein wird.

2. Ich weiß, **dass** du das kannst.

Correction de l'exercice 3 :

L'intonation doit suivre ce schéma :

- "Hallo, wie geht's dir?" : montant sur "dir".

- "Gut, danke! Und dir?" : montant sur "dir".

- "Willst du heute Abend ins Kino gehen?" : montant sur "gehen".

- "Ja, das klingt super." : descendant.

- "Was ist das für ein Film?" : montant sur "Film".

- "Ein neuer Film über Natur und Umweltschutz." : descendant.

- "Das hört sich interessant an!" : descendant.

L'intonation et l'accentuation sont des éléments essentiels pour parler allemand avec naturel et fluidité. En maîtrisant ces outils, vous serez en mesure de mieux vous exprimer, de mettre en avant vos idées et de transmettre des émotions. Continuez à pratiquer avec des locuteurs natifs ou du contenu audio afin de perfectionner votre maîtrise de la langue. Vous avez maintenant tous les outils pour améliorer votre prononciation allemande de manière progressive et efficace. Félicitations pour votre progression !

Partie IV : Courtes histoires amusantes et éducatives

Cette partie propose des histoires courtes et amusantes, adaptées à différents niveaux pour enrichir votre apprentissage de manière progressive. Chaque chapitre contient une histoire en allemand, sa traduction en français, un glossaire utile et des exercices de compréhension.

Kapitel 1: Ein neuer Freund

Max ist ein kleiner Hund. Er lebt in Berlin. Eines Tages geht Max in den Park. Im Park sieht er einen Ball. Der Ball ist rot. Max mag den Ball. Er spielt mit dem Ball. Plötzlich kommt ein Mädchen. Sie heißt Anna. Anna sagt: "Hallo, kleiner Hund! Ist das dein Ball?" Max bellt freudig. Anna und Max spielen zusammen mit dem Ball. Sie haben viel Spaß. Am Ende des Tages sind Max und Anna Freunde.

Chapitre 1 : Un nouvel ami

Max est un petit chien. Il vit à Berlin. Un jour, Max va au parc. Dans le parc, il voit une balle. La balle est rouge. Max aime la balle. Il joue avec la balle. Soudain, une fille arrive. Elle s'appelle

Anna. Anna dit : "Bonjour, petit chien ! C'est ta balle ?" Max aboie joyeusement. Anna et Max jouent ensemble avec la balle. Ils s'amusent beaucoup. À la fin de la journée, Max et Anna sont amis.

Glossaire bilingue

- der Hund : le chien

- der Park : le parc

- der Ball : la balle

- rot : rouge

- das Mädchen : la fille

- spielen : jouer

- der Freund / die Freundin : l'ami(e)

- bellen : aboyer

- der Spaß : l'amusement

Exercice de compréhension

Répondez aux questions suivantes en allemand :

1. Wo lebt Max?

2. Was sieht Max im Park?

3. Welche Farbe hat der Ball?

4. Wie heißt das Mädchen?

5. Was machen Max und Anna zusammen?

Corrections

1. Max lebt in Berlin.

2. Max sieht einen Ball im Park.

3. Der Ball ist rot.

4. Das Mädchen heißt Anna.

5. Max und Anna spielen zusammen mit dem Ball.

Kapitel 2: Ein Tag im Zoo

Heute ist Samstag. Anna und Max gehen in den Zoo. Sie sehen viele Tiere. Zuerst besuchen sie die Elefanten. Die Elefanten sind groß und grau. Dann gehen sie zu den Affen. Die Affen sind lustig und springen herum. Anna lacht. Max bellt aufgeregt. Danach sehen sie die Löwen. Die Löwen schlafen in der Sonne. Am Ende des Tages kauft Anna ein Eis. Sie teilt es mit Max. Es war ein schöner Tag im Zoo.

Chapitre 2 : Une journée au zoo

Aujourd'hui, c'est samedi. Anna et Max vont au zoo. Ils voient beaucoup d'animaux. D'abord, ils visitent les éléphants. Les éléphants sont grands et gris. Ensuite, ils vont voir les singes. Les singes sont drôles et sautent partout. Anna rit. Max aboie avec excitation. Après, ils voient les lions. Les lions dorment au soleil. À la fin de la journée, Anna achète une glace.

Elle la partage avec Max. C'était une belle journée au zoo.

Glossaire bilingue

- der Zoo : le zoo

- das Tier / die Tiere : l'animal / les animaux

- der Elefant : l'éléphant

- groß : grand

- grau : gris

- der Affe : le singe

- lustig : drôle

- springen : sauter

- lachen : rire

- der Löwe : le lion

- schlafen : dormir

- das Eis : la glace

- teilen : partager

Exercice de compréhension

Répondez aux questions suivantes en allemand :

1. Welcher Tag ist es?

2. Wohin gehen Anna und Max?

3. Welche Tiere sehen sie zuerst?

4. Was machen die Affen?

5. Was kauft Anna am Ende des Tages?

Corrections

1. Es ist Samstag.

2. Anna und Max gehen in den Zoo.

3. Sie sehen zuerst die Elefanten.

4. Die Affen springen herum.

5. Anna kauft ein Eis am Ende des Tages.

Kapitel 3: Ein Ausflug in die Berge

An einem sonnigen Tag machen Anna und ihre Familie einen Ausflug in die Berge. Sie packen Rucksäcke mit Wasser, Broten und Obst. Max darf auch mitkommen. Sie fahren mit dem Auto bis zum Fuß des Berges. Dann beginnen sie zu wandern. Der Weg ist steil, aber die Aussicht ist wunderschön. Anna sieht Blumen in vielen Farben. Max schnüffelt an allem Neuen. Oben auf dem Berg machen sie ein Picknick. Sie essen, trinken und genießen die frische Luft. Auf dem Rückweg sind alle müde, aber glücklich. Es war ein toller Ausflug.

Chapitre 3 : Une excursion dans les montagnes

Par une journée ensoleillée, Anna et sa famille font une excursion dans les montagnes. Ils préparent des sacs à dos avec de l'eau, des sandwichs et des fruits. Max est aussi autorisé à venir. Ils vont en voiture jusqu'au pied de la montagne. Puis ils commencent à randonner. Le chemin est raide, mais la vue est magnifique. Anna voit des fleurs de nombreuses couleurs. Max renifle toutes les nouvelles choses. Au sommet de la montagne, ils font un pique-nique. Ils mangent, boivent et profitent de l'air frais. Sur le chemin du retour, tous sont fatigués mais heureux. C'était une super excursion.

Glossaire bilingue

- der Ausflug : l'excursion

- der Berg / die Berge : la montagne / les montagnes

- der Rucksack : le sac à dos

- das Obst : les fruits

- wandern : randonner

- steil : raide

- die Aussicht : la vue

- die Blume : la fleur

- schnüffeln : renifler

- das Picknick : le pique-nique

- genießen : profiter, apprécier

- müde : fatigué

- glücklich : heureux

Exercice de compréhension

Répondez aux questions suivantes en allemand :

1. Was packen Anna und ihre Familie in die Rucksäcke?

2. Wie kommen sie zum Fuß des Berges?

3. Wie ist der Weg?

4. Was sieht Anna während der Wanderung?

5. Was machen sie oben auf dem Berg?

Corrections

1. Sie packen Wasser, Brote und Obst in die Rucksäcke.

2. Sie fahren mit dem Auto zum Fuß des Berges.

3. Der Weg ist steil.

4. Anna sieht Blumen in vielen Farben.

5. Sie machen ein Picknick oben auf dem Berg.

Kapitel 4: Ein Regentag in der Stadt

Heute regnet es stark. Anna und Max können nicht draußen spielen. Anna ist traurig, aber ihre Mutter hat eine Idee. "Lass uns ins Museum gehen!", sagt sie. Sie nehmen den Bus zum Stadtmuseum. Im Museum gibt es viele interessante Dinge zu sehen. Anna sieht alte Ritterrüstungen, bunte Gemälde und sogar Dinosaurierknochen. Max muss draußen warten, aber Anna erzählt ihm später alles. Nach dem Museum gehen sie in ein gemütliches Café. Anna trinkt heiße Schokolade und isst ein Stück Kuchen. Auf dem Heimweg hört der Regen auf. Die Sonne kommt heraus, und ein Regenbogen erscheint am Himmel. Anna denkt: "Es war doch ein schöner Tag!"

Chapitre 4 : Une journée pluvieuse en ville

Aujourd'hui, il pleut fort. Anna et Max ne peuvent pas jouer dehors. Anna est triste, mais sa mère a une idée. "Allons au musée !", dit-elle. Ils prennent le bus pour aller au musée de la ville. Dans le musée, il y a beaucoup de choses intéressantes à voir. Anna voit de vieilles armures de chevaliers, des peintures colorées et même des os de dinosaures. Max doit attendre dehors, mais Anna lui raconte tout plus tard. Après le musée, ils vont dans un café confortable. Anna boit un chocolat chaud et mange un morceau de gâteau. Sur le chemin du retour, la pluie s'arrête. Le soleil apparaît et un arc-en-ciel se montre dans le ciel. Anna pense : "C'était quand même une belle journée !"

Glossaire bilingue

- regnen : pleuvoir

- das Museum : le musée

- der Bus : le bus

- die Ritterrüstung : l'armure de chevalier

- das Gemälde : la peinture

- der Dinosaurierknochen : l'os de dinosaure

- das Café : le café

- die heiße Schokolade : le chocolat chaud

- der Kuchen : le gâteau

- der Regenbogen : l'arc-en-ciel

- der Himmel : le ciel

Exercice de compréhension

Répondez aux questions suivantes en allemand :

1. Warum können Anna und Max nicht draußen spielen?

2. Wohin gehen sie stattdessen?

3. Was sieht Anna im Museum?

4. Was trinkt Anna im Café?

5. Was sehen sie auf dem Heimweg?

Corrections

1. Es regnet stark.

2. Sie gehen ins Museum.

3. Anna sieht alte Ritterrüstungen, bunte Gemälde und Dinosaurierknochen.

4. Anna trinkt heiße Schokolade.

5. Sie sehen einen Regenbogen am Himmel.

Kapitel 5: Ein Abenteuer im Wald

An einem warmen Sommertag beschließen Anna und Max, einen Spaziergang im Wald zu machen. Sie nehmen einen Korb mit Essen und eine Karte mit. Der Wald ist groß und geheimnisvoll. Anna und Max folgen einem schmalen Pfad. Plötzlich hören sie ein seltsames Geräusch. "Was war das?", fragt Anna nervös. Sie gehen vorsichtig weiter und entdecken einen kleinen Fuchs, der sich den Fuß verletzt hat. Anna und Max wollen dem Fuchs helfen. Sie geben ihm etwas Wasser und ein Stück Brot. Dann rufen sie den Förster an. Der Förster kommt schnell und bringt den Fuchs zum Tierarzt. Anna und Max sind froh, dass sie helfen konnten. Auf dem Heimweg fühlen sie sich wie echte Waldabenteurer.

Chapitre 5 : Une aventure dans la forêt

Par une chaude journée d'été, Anna et Max décident de faire une promenade dans la forêt. Ils emportent un panier avec de la nourriture et une carte. La forêt est grande et mystérieuse. Anna et Max suivent un sentier étroit. Soudain, ils entendent un bruit étrange. "Qu'est-ce que c'était ?", demande Anna nerveusement. Ils avancent prudemment et découvrent un petit renard qui s'est blessé à la patte. Anna et Max veulent aider le renard. Ils lui donnent un peu d'eau et un morceau de pain. Puis ils appellent le garde forestier. Le garde forestier arrive rapidement et emmène le renard chez le vétérinaire. Anna et Max sont heureux d'avoir pu aider. Sur le chemin du retour, ils se sentent comme de vrais aventuriers de la forêt.

Glossaire bilingue

- der Wald : la forêt

- der Spaziergang : la promenade

- der Korb : le panier

- die Karte : la carte

- geheimnisvoll : mystérieux

- der Pfad : le sentier

- das Geräusch : le bruit

- der Fuchs : le renard

- der Förster : le garde forestier

- der Tierarzt : le vétérinaire

- der Abenteurer : l'aventurier

Exercice de compréhension

Répondez aux questions suivantes en allemand :

1. Was nehmen Anna und Max mit in den Wald?

2. Was hören sie plötzlich im Wald?

3. Wen entdecken sie auf dem Pfad?

4. Wie helfen Anna und Max dem Fuchs?

5. Wer bringt den Fuchs zum Tierarzt?

Corrections

1. Anna und Max nehmen einen Korb mit Essen und eine Karte mit.

2. Sie hören ein seltsames Geräusch.

3. Sie entdecken einen kleinen Fuchs.

4. Sie geben ihm Wasser und Brot und rufen den Förster an.

5. Der Förster bringt den Fuchs zum Tierarzt.

Kapitel 6: Der verlorene Schlüssel

Eines Nachmittags, als Anna von der Schule nach Hause kommt, merkt sie, dass ihr Schlüssel fehlt. Sie sucht überall: in ihrem Rucksack, in ihrer Jackentasche und sogar im Garten – der Schlüssel ist weg! Anna wird nervös. Wie soll sie ins Haus kommen? Max, der immer bei ihr ist, schnüffelt plötzlich am Boden und läuft zum Baum im Garten. Dort sieht Anna etwas Glänzendes. Es ist ihr Schlüssel! "Max, du bist der Beste!", ruft Anna und umarmt ihren Hund. Sie schließt die Tür auf und beide gehen hinein. Max bekommt eine leckere Belohnung, und Anna ist erleichtert.

Chapitre 6 : La clé perdue

Un après-midi, quand Anna rentre de l'école, elle se rend compte que sa clé a disparu. Elle cherche partout : dans son sac à dos, dans la poche de sa veste et même dans le jardin – la clé est introuvable ! Anna commence à être nerveuse. Comment pourra-t-elle entrer dans la maison ? Max, qui est toujours avec elle, renifle soudainement le sol et court vers l'arbre dans le jardin. Là, Anna aperçoit quelque chose qui brille. C'est sa clé ! "Max, tu es le meilleur !", s'écrie Anna en serrant son chien dans ses bras. Elle ouvre la porte et ils entrent tous les deux. Max reçoit une délicieuse récompense, et Anna est soulagée.

Glossaire bilingue

- der Schlüssel : la clé

- der Rucksack : le sac à dos

- die Jackentasche : la poche de la veste

- der Garten : le jardin

- schnüffeln : renifler

- glänzend : brillant

- aufschließen : ouvrir (avec une clé)

- die Belohnung : la récompense

- erleichtert : soulagé(s)

Exercice de compréhension

Répondez aux questions suivantes en allemand :

1. Wo ist Anna, als sie merkt, dass der Schlüssel fehlt?

2. Wo sucht Anna zuerst nach dem Schlüssel?

3. Was macht Max, als Anna den Schlüssel nicht findet?

4. Wo finden Anna und Max den Schlüssel?

5. Was bekommt Max am Ende der Geschichte?

Corrections

1. Anna ist auf dem Weg nach Hause, als sie merkt, dass der Schlüssel fehlt.

2. Anna sucht zuerst in ihrem Rucksack, in der Jackentasche und im Garten.

3. Max schnüffelt am Boden und läuft zum Baum im Garten.

4. Sie finden den Schlüssel unter einem Baum im Garten.

5. Max bekommt eine leckere Belohnung.

Kapitel 7: Das verschwundene Fahrrad

Eines Morgens will Anna mit ihrem Fahrrad zur Schule fahren. Doch ihr Fahrrad ist nicht da! Es stand gestern Abend noch vor der Haustür. Anna ist erschrocken. "Wo kann es sein?", fragt sie sich. Sie erzählt ihrem Vater davon. Gemeinsam gehen sie in der Nachbarschaft herum und fragen die Leute. Niemand hat etwas gesehen. Max, wie immer dabei, schnüffelt am Zaun. Plötzlich bellt er laut. Hinter dem Zaun sehen Anna und ihr Vater das Fahrrad! Es liegt im Garten des Nachbarn. Anna klopft an die Tür. Der Nachbar entschuldigt sich: "Es war auf den Weg gerollt, und ich wollte es in Sicherheit bringen." Anna bedankt sich, und ihr Vater hilft ihr, das Fahrrad zurückzubringen. Sie fährt noch rechtzeitig zur Schule.

Chapitre 7 : Le vélo disparu

Un matin, Anna veut aller à l'école à vélo. Mais son vélo n'est plus là ! Il était encore devant la porte hier soir. Anna est bouleversée. "Où peut-il être ?", se demande-t-elle. Elle en parle à son père. Ensemble, ils se promènent dans le quartier et posent des questions aux voisins. Personne n'a rien vu. Max, comme toujours, les accompagne et commence à renifler près de la clôture. Soudain, il aboie fort. Derrière la clôture, Anna et son père voient le vélo ! Il est dans le jardin du voisin. Anna frappe à la porte. Le voisin s'excuse : "Il avait roulé sur le chemin, et je voulais le mettre en sécurité." Anna le remercie, et son père l'aide à récupérer le vélo. Elle arrive à l'école juste à temps.

Glossaire bilingue

- das Fahrrad : le vélo

- die Schule : l'école

- die Haustür : la porte de la maison

- erschrocken : bouleversé, effrayé

- die Nachbarschaft : le quartier

- der Zaun : la clôture

- in Sicherheit bringen : mettre en sécurité

- sich entschuldigen : s'excuser

- rechtzeitig : à temps

Exercice de compréhension

Répondez aux questions suivantes en allemand :

1. Wo war Annas Fahrrad zuletzt?

2. Was macht Anna, als sie das Fahrrad nicht findet?

3. Wer schnüffelt am Zaun?

4. Wo finden Anna und ihr Vater das Fahrrad?

5. Was sagt der Nachbar zu Anna?

Corrections

1. Annas Fahrrad war zuletzt vor der Haustür.

2. Anna erzählt ihrem Vater davon, und sie suchen in der Nachbarschaft.

3. Max schnüffelt am Zaun.

4. Sie finden das Fahrrad im Garten des Nachbarn.

5. Der Nachbar sagt, dass er das Fahrrad in Sicherheit bringen wollte.

Kapitel 8: Der neue Mitschüler

Heute ist ein besonderer Tag in Annas Klasse. Ein neuer Mitschüler kommt aus einer anderen Stadt. Er heißt Lukas. Als Lukas das Klassenzimmer betritt, lächeln alle Kinder. Die Lehrerin stellt Lukas vor: "Das ist Lukas. Er kommt aus Hamburg." Lukas setzt sich auf einen freien Platz neben Anna. In der Pause fragt Anna freundlich: "Möchtest du mit uns Fußball spielen?" Lukas nickt und sagt: "Ja, gerne!" Auf dem Schulhof zeigt Lukas, dass er ein sehr guter Spieler ist. Alle Kinder sind beeindruckt. Nach der Pause sagt Lukas: "Danke, dass ihr mich so nett aufgenommen habt." Am Ende des Tages hat Lukas viele neue Freunde gefunden.

Chapitre 8 : Le nouvel élève

Aujourd'hui est un jour particulier dans la classe d'Anna. Un nouvel élève arrive d'une autre ville. Il s'appelle Lukas. Lorsque Lukas entre dans la salle de classe, tous les enfants sourient. La maîtresse présente Lukas : "Voici Lukas. Il vient de Hambourg." Lukas s'assoit sur une chaise libre à côté d'Anna. Pendant la récréation, Anna lui demande gentiment : "Veux-tu jouer au football avec nous ?" Lukas hoche la tête et répond : "Oui, avec plaisir !" Dans la cour de récréation, Lukas montre qu'il est un très bon joueur. Tous les enfants sont impressionnés. Après la récréation, Lukas dit : "Merci de m'avoir accueilli si gentiment." À la fin de la journée, Lukas s'est fait beaucoup de nouveaux amis.

Glossaire bilingue

- der Mitschüler : le camarade de classe

- die Lehrerin : la maîtresse, l'enseignante

- das Klassenzimmer : la salle de classe

- die Pause : la récréation

- freundlich : gentil, aimable

- der Schulhof : la cour de l'école

- beeindruckt : impressionné

- aufnehmen : accueillir

- der Freund / die Freunde : l'ami / les amis

Exercice de compréhension

Répondez aux questions suivantes en allemand :

1. Wie heißt der neue Mitschüler?

2. Woher kommt Lukas?

3. Was fragt Anna Lukas in der Pause?

4. Was zeigt Lukas auf dem Schulhof?

5. Was sagt Lukas nach der Pause?

Corrections

1. Der neue Mitschüler heißt Lukas.

2. Lukas kommt aus Hamburg.

3. Anna fragt Lukas, ob er Fußball spielen möchte.

4. Lukas zeigt, dass er ein sehr guter Spieler ist.

5. Lukas sagt: "Danke, dass ihr mich so nett aufgenommen habt."

Kapitel 9: Das große Backen

Es ist Sonntag, und Anna hat eine Idee: "Mama, können wir einen Kuchen backen?" Ihre Mutter lächelt und sagt: "Natürlich! Lass uns in die Küche gehen." Anna und ihre Mutter nehmen Mehl, Zucker, Butter, Eier und Schokolade. "Was für einen Kuchen backen wir?", fragt Anna. "Einen Schokoladenkuchen!", sagt ihre Mutter. Zuerst mischen sie die Zutaten in einer großen Schüssel. Anna darf den Teig rühren. Danach gießen sie den Teig in eine Kuchenform und stellen ihn in den Ofen. Während der Kuchen im Ofen ist, räumen sie die Küche auf. Nach 30 Minuten ist der Kuchen fertig. Anna probiert ein Stück und sagt glücklich: "Das ist der beste Kuchen der Welt!"

Chapitre 9 : La grande séance de pâtisserie

C'est dimanche, et Anna a une idée : "Maman, est-ce qu'on peut faire un gâteau ?" Sa mère sourit et répond : "Bien sûr ! Allons dans la cuisine." Anna et sa mère prennent de la farine, du sucre, du beurre, des œufs et du chocolat. "Quel type de gâteau allons-nous faire ?", demande Anna. "Un gâteau au chocolat !", répond sa mère. D'abord, elles mélangent les ingrédients dans un grand saladier. Anna peut remuer la pâte. Ensuite, elles versent la pâte dans un moule à gâteau et le mettent dans le four. Pendant que le gâteau est dans le four, elles nettoient la cuisine. Après 30 minutes, le gâteau est prêt. Anna goûte un morceau et dit joyeusement : "C'est le meilleur gâteau du monde !"

Glossaire bilingue

- der Kuchen : le gâteau

- backen : faire un gâteau / cuire

- die Küche : la cuisine

- das Mehl : la farine

- die Schokolade : le chocolat

- die Schüssel : le saladier

- rühren : remuer

- der Teig : la pâte

- die Kuchenform : le moule à gâteau

- der Ofen : le four

- aufräumen : nettoyer, ranger

Exercice de compréhension

Répondez aux questions suivantes en allemand :

1. Was möchte Anna mit ihrer Mutter machen?

2. Welche Zutaten nehmen Anna und ihre Mutter?

3. Was darf Anna beim Kuchenbacken machen?

4. Was machen sie, während der Kuchen im Ofen ist?

5. Was sagt Anna, nachdem sie den Kuchen probiert hat?

Corrections

1. Anna möchte mit ihrer Mutter einen Kuchen backen.

2. Sie nehmen Mehl, Zucker, Butter, Eier und Schokolade.

3. Anna darf den Teig rühren.

4. Sie räumen die Küche auf.

5. Anna sagt: "Das ist der beste Kuchen der Welt!"

Kapitel 10: Die Geburtstagsparty

Heute ist Annas Geburtstag, und sie ist sehr aufgeregt. Ihre Familie hat den Garten mit bunten Luftballons und Lichtern geschmückt. Freunde aus der Schule und aus der Nachbarschaft kommen mit Geschenken. Max, Annas Hund, läuft neugierig zwischen den Gästen herum. Die Party beginnt mit Spielen.

Sie spielen "Topfschlagen", ein lustiges Spiel, bei dem man einen Topf mit verbundenen Augen suchen muss. Danach gibt es Kuchen und Saft für alle. Annas Mutter bringt einen großen Geburtstagskuchen mit Kerzen. Alle singen: "Zum Geburtstag viel Glück!" Anna wünscht sich etwas und pustet die Kerzen aus. Später tanzen die Kinder und lachen viel. Am Abend bedankt sich Anna bei allen Gästen. Sie sagt: "Das war mein bester Geburtstag!"

Chapitre 10 : La fête d'anniversaire

Aujourd'hui, c'est l'anniversaire d'Anna, et elle est très excitée. Sa famille a décoré le jardin avec des ballons colorés et des lumières. Des amis de l'école et du quartier arrivent avec des cadeaux. Max, le chien d'Anna, se promène curieusement parmi les invités. La fête commence par des jeux. Ils jouent à "frapper la marmite", un jeu amusant où il faut trouver une marmite les yeux bandés. Ensuite, il y a du gâteau et du jus pour tout le monde. La mère d'Anna apporte un grand gâteau d'anniversaire avec des bougies. Tout le monde chante : "Joyeux anniversaire !" Anna fait un vœu et souffle les bougies. Plus tard, les enfants dansent et rient beaucoup. Le soir, Anna remercie tous les invités. Elle dit : "C'était mon meilleur anniversaire !"

Glossaire bilingue

- der Geburtstag : l'anniversaire

- geschmückt : décoré

- die Luftballons : les ballons

- das Spiel : le jeu

- Topfschlagen : frapper la marmite (jeu)

- die Kerze : la bougie

- auspusten : souffler (les bougies)

- der Gast : l'invité

- der Wunsch : le vœu

- das Geschenk : le cadeau

Exercice de compréhension

Répondez aux questions suivantes en allemand :

1. Warum ist Anna heute so aufgeregt?

2. Wie wird der Garten dekoriert?

3. Was macht Max während der Party?

4. Was bringt Annas Mutter zur Party?

5. Was sagt Anna am Ende der Party?

Corrections

1. Anna ist aufgeregt, weil sie heute Geburtstag hat.

2. Der Garten wird mit bunten Luftballons und Lichtern geschmückt.

3. Max läuft neugierig zwischen den Gästen herum.

4. Annas Mutter bringt einen großen Geburtstagskuchen mit Kerzen.

5. Anna sagt: "Das war mein bester Geburtstag!"

Partie V : Dialogues de la vie quotidienne

Cette partie propose 10 dialogues pratiques issus de situations courantes, pour vous aider à appliquer l'allemand dans la vie quotidienne. Que ce soit au restaurant, à l'hôtel ou au travail, chaque dialogue est accompagné de sa traduction en français et de questions de compréhension.

Dialog 1: Im Café

Kellner: Guten Tag! Was möchten Sie bestellen?
Anna: Hallo! Ich hätte gerne einen Kaffee und ein Stück Kuchen, bitte.
Kellner: Natürlich! Möchten Sie Milch und Zucker zum Kaffee?
Anna: Ja, bitte, mit Milch und Zucker. Welchen Kuchen haben Sie?
Kellner: Wir haben Apfelkuchen, Schokoladenkuchen und Käsekuchen.
Anna: Ich nehme ein Stück Schokoladenkuchen.
Kellner: Sehr gut. Ich bringe es gleich.

(Kurze Zeit später ...)

Kellner: Hier ist Ihr Kaffee und Ihr Kuchen. Guten Appetit!
Anna: Vielen Dank!

Dialogue 1 : Au café

Serveur: Bonjour ! Que souhaitez-vous commander ?
Anna: Bonjour ! Je voudrais un café et une part de gâteau, s'il vous plaît.
Serveur: Bien sûr ! Voulez-vous du lait et du sucre avec votre café ?
Anna: Oui, s'il vous plaît, avec du lait et du sucre. Quels gâteaux avez-vous ?
Serveur: Nous avons du gâteau aux pommes, du gâteau au chocolat et du gâteau au fromage.
Anna: Je vais prendre une part de gâteau au chocolat.

Serveur: Très bien. Je vous apporte ça tout de suite.

(Peu de temps après ...)

Serveur: Voici votre café et votre gâteau. Bon appétit !
Anna: Merci beaucoup !

Questions de compréhension

1. Was bestellt Anna im Café?

2. Welche Kuchen bietet der Kellner an?

Corrections

1. Anna bestellt einen Kaffee und ein Stück Schokoladenkuchen.

2. Der Kellner bietet Apfelkuchen, Schokoladenkuchen und Käsekuchen an.

Dialog 2: Im Supermarkt

Mitarbeiter: Guten Tag! Kann ich Ihnen helfen?
Anna: Ja, bitte. Wo finde ich die Milch?
Mitarbeiter: Die Milch finden Sie im Kühlregal, ganz hinten links.
Anna: Vielen Dank! Und wo sind die Äpfel?
Mitarbeiter: Die Äpfel sind in der Obst- und Gemüseabteilung, gleich rechts neben den Bananen.

Anna: Super, danke. Haben Sie auch frisches Brot?
Mitarbeiter: Ja, das frische Brot ist vorne beim Eingang, neben der Kasse.
Anna: Perfekt, vielen Dank für Ihre Hilfe!
Mitarbeiter: Gern geschehen. Einen schönen Tag noch!
Anna: Danke, Ihnen auch!

Dialogue 2 : Au supermarché

Employé: Bonjour ! Puis-je vous aider ?
Anna: Oui, s'il vous plaît. Où puis-je trouver le lait ?
Employé: Le lait se trouve dans le rayon frais, tout au fond à gauche.
Anna: Merci beaucoup ! Et où sont les pommes ?
Employé: Les pommes sont dans le rayon fruits et légumes, juste à droite des bananes.
Anna: Super, merci. Avez-vous aussi du pain frais ?
Employé: Oui, le pain frais est à l'avant, près de l'entrée, à côté de la caisse.
Anna: Parfait, merci pour votre aide !
Employé: Avec plaisir. Passez une bonne journée !
Anna: Merci, pareillement !

Questions de compréhension

1. Wo findet Anna die Milch?

2. Wo ist das frische Brot im Supermarkt?

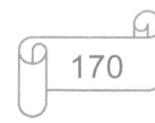

Corrections

1. Die Milch ist im Kühlregal, ganz hinten links.

2. Das frische Brot ist neben der Kasse, beim Eingang.

Dialog 3: Beim Arzt

Arzt: Guten Tag, Frau Müller! Was fehlt Ihnen?

Anna: Guten Tag, Herr Doktor. Ich habe Kopfschmerzen und Fieber.

Arzt: Seit wann haben Sie diese Symptome?

Anna: Seit zwei Tagen. Ich fühle mich sehr schwach.

Arzt: Haben Sie auch Halsschmerzen oder Husten?

Anna: Ja, ein bisschen.

Arzt: Gut, ich werde Sie untersuchen. Bitte öffnen Sie den Mund und sagen Sie "Ahhh".

Anna: Ahhh.

Arzt: Sie haben eine kleine Erkältung. Ich verschreibe Ihnen Tabletten und viel Ruhe.

Anna: Vielen Dank. Muss ich zu Hause bleiben?

Arzt: Ja, bleiben Sie zwei Tage zu Hause und trinken Sie viel Tee.

Anna: Danke, Herr Doktor. Auf Wiedersehen!

Arzt: Gute Besserung, Frau Müller!

Dialogue 3 : Chez le médecin

Médecin: Bonjour, Madame Müller ! Qu'est-ce qui ne va pas ?

Anna: Bonjour, Docteur. J'ai mal à la tête et de la fièvre.

Médecin: Depuis quand avez-vous ces symptômes ?

Anna: Depuis deux jours. Je me sens très faible.

Médecin: Avez-vous aussi mal à la gorge ou de la toux ?

Anna: Oui, un peu.

Médecin: Bien, je vais vous examiner. Ouvrez la bouche et dites "Ahhh".

Anna: Ahhh.

Médecin: Vous avez un petit rhume. Je vais vous prescrire des comprimés et beaucoup de repos.

Anna: Merci beaucoup. Dois-je rester chez moi ?

Médecin: Oui, restez chez vous pendant deux jours et buvez beaucoup de thé.

Anna: Merci, Docteur. Au revoir !

Médecin: Prompt rétablissement, Madame Müller !

Questions de compréhension

1. Welche Symptome hat Anna?

2. Was verschreibt der Arzt Anna?

Corrections

1. Anna hat Kopfschmerzen, Fieber, ein bisschen Halsschmerzen und Husten.

2. Der Arzt verschreibt ihr Tabletten, Ruhe und viel Tee.

Dialog 4: Am Bahnhof

Anna: Entschuldigung, wann fährt der nächste Zug nach München?
Mitarbeiter: Der nächste Zug nach München fährt um 14:30 Uhr von Gleis 5.
Anna: Vielen Dank! Und wie viel kostet eine Fahrkarte?
Mitarbeiter: Eine einfache Fahrt kostet 25 Euro. Möchten Sie eine Hin- und Rückfahrkarte?
Anna: Nein, nur eine einfache Fahrt, bitte.
Mitarbeiter: In Ordnung. Hier ist Ihr Ticket. Viel Spaß in München!
Anna: Vielen Dank! Wissen Sie, ob der Zug pünktlich ist?
Mitarbeiter: Ja, der Zug ist pünktlich. Er kommt in etwa fünf Minuten an.
Anna: Perfekt, danke für die Auskunft!
Mitarbeiter: Gern geschehen. Gute Reise!

Dialogue 4 : À la gare

Anna: Excusez-moi, quand part le prochain train pour Munich ?
Employé: Le prochain train pour Munich part à 14h30 depuis la voie 5.
Anna: Merci beaucoup ! Et combien coûte un billet ?
Employé: Un aller simple coûte 25 euros. Voulez-vous un aller-retour ?

Anna: Non, seulement un aller simple, s'il vous plaît.
Employé: Très bien. Voici votre billet. Bon séjour à Munich !
Anna: Merci beaucoup ! Savez-vous si le train est à l'heure ?
Employé: Oui, le train est à l'heure. Il arrivera dans environ cinq minutes.
Anna: Parfait, merci pour les informations !
Employé: Avec plaisir. Bon voyage !

Questions de compréhension

1. Wann fährt der nächste Zug nach München?

2. Wie viel kostet eine einfache Fahrkarte?

Corrections

1. Der nächste Zug nach München fährt um 14:30 Uhr von Gleis 5.

2. Eine einfache Fahrkarte kostet 25 Euro.

Dialog 5: Beim Einkaufen

Verkäuferin: Guten Tag! Kann ich Ihnen helfen?
Anna: Ja, ich suche eine neue Jacke für den Herbst.
Verkäuferin: Natürlich! Welche Farbe möchten Sie?
Anna: Vielleicht blau oder grau.
Verkäuferin: Hier sind zwei Modelle. Möchten Sie sie anprobieren?

Anna: Ja, gerne! Wo ist die Umkleidekabine?

Verkäuferin: Dort hinten rechts.

(Nach einigen Minuten)

Verkäuferin: Und, passt die Jacke?

Anna: Die blaue ist ein bisschen zu groß, aber die graue passt perfekt.

Verkäuferin: Sehr schön! Möchten Sie die graue Jacke kaufen?

Anna: Ja, ich nehme sie. Wie viel kostet sie?

Verkäuferin: Die Jacke kostet 49 Euro.

Anna: In Ordnung, ich bezahle mit Karte.

Verkäuferin: Vielen Dank! Schönen Tag noch!

Anna: Danke, Ihnen auch!

Dialogue 5 : Faire du shopping

Vendeuse : Bonjour ! Puis-je vous aider ?

Anna : Oui, je cherche une nouvelle veste pour l'automne.

Vendeuse : Bien sûr ! Quelle couleur souhaitez-vous ?

Anna : Peut-être bleue ou grise.

Vendeuse : Voici deux modèles. Souhaitez-vous les essayer ?

Anna : Oui, volontiers ! Où est la cabine d'essayage ?

Vendeuse : Là-bas, au fond à droite.

(Quelques minutes plus tard)

Vendeuse : Alors, la veste vous va ?

Anna : La bleue est un peu trop grande, mais la grise me va parfaitement.

Vendeuse : Très bien ! Voulez-vous acheter la veste grise ?

Anna : Oui, je la prends. Combien coûte-t-elle ?

Vendeuse : La veste coûte 49 euros.

Anna : D'accord, je paie par carte.

Vendeuse : Merci beaucoup ! Bonne journée !

Anna : Merci, à vous aussi !

Questions de compréhension

1. Welche Farben nennt Anna für die Jacke?

2. Warum nimmt Anna die graue Jacke?

Corrections

1. Anna nennt die Farben blau und grau.

2. Sie nimmt die graue Jacke, weil sie perfekt passt.

Dialog 6: Im Restaurant

Kellner: Guten Abend! Möchten Sie die Speisekarte sehen?

Anna: Ja, bitte. Was empfehlen Sie heute?

Kellner: Unser Tagesgericht ist Brathähnchen mit Kartoffeln und Gemüse.

Anna: Das klingt lecker. Ich nehme das Tagesgericht.

Kellner: Und was möchten Sie trinken?

Anna: Ich hätte gerne eine Cola, bitte.

Kellner: In Ordnung. Möchten Sie auch eine Vorspeise?

Anna: Nein, danke. Nur das Hauptgericht.

(Später, nach dem Essen)
Kellner: Hat es Ihnen geschmeckt?
Anna: Ja, es war sehr gut, danke!
Kellner: Möchten Sie noch ein Dessert?
Anna: Vielleicht ein Stück Apfelstrudel.
Kellner: Sehr gerne. Ich bringe es gleich.

Dialogue 6 : Au restaurant

Serveur: Bonsoir ! Souhaitez-vous voir le menu ?
Anna: Oui, s'il vous plaît. Que recommandez-vous aujourd'hui ?
Serveur: Notre plat du jour est du poulet rôti avec des pommes de terre et des légumes.
Anna: Cela semble délicieux. Je prendrai le plat du jour.
Serveur: Et que souhaitez-vous boire ?
Anna: Je voudrais un coca, s'il vous plaît.
Serveur: Très bien. Voulez-vous aussi une entrée ?
Anna: Non, merci. Juste le plat principal.
(Plus tard, après le repas)
Serveur: Ça vous a plu ?
Anna: Oui, c'était très bon, merci !
Serveur: Souhaitez-vous un dessert ?
Anna: Peut-être une part de strudel aux pommes.
Serveur: Très bien. Je vous l'apporte tout de suite.

Questions de compréhension

1. Was bestellt Anna als Hauptgericht?

2. Welches Dessert wählt Anna?

Corrections

1. Anna bestellt das Tagesgericht: Brathähnchen mit Kartoffeln und Gemüse.

2. Sie wählt ein Stück Apfelstrudel als Dessert.

Dialog 7: Im Hotel

Rezeptionist: Guten Abend! Willkommen im Hotel Sonnenblume. Wie kann ich Ihnen helfen?
Anna: Guten Abend. Ich habe ein Zimmer reserviert, auf den Namen Müller.
Rezeptionist: Einen Moment, bitte ... Ah, hier ist Ihre Reservierung. Ein Einzelzimmer für zwei Nächte, richtig?
Anna: Ja, genau.
Rezeptionist: Gut, Ihr Zimmer ist Nummer 15 im ersten Stock. Hier ist Ihr Schlüssel. Möchten Sie auch das WLAN-Passwort?
Anna: Ja, bitte. Das wäre hilfreich.
Rezeptionist: Das Passwort ist „Sonnen2023". Das Frühstück wird von 7 bis 10 Uhr im Restaurant serviert.

Anna: Vielen Dank. Gibt es einen Aufzug?
Rezeptionist: Ja, der Aufzug ist gleich rechts neben der Rezeption.
Anna: Perfekt. Vielen Dank für die Informationen.
Rezeptionist: Gern geschehen. Ich wünsche Ihnen einen angenehmen Aufenthalt!

Dialogue 7 : À l'hôtel

Réceptionniste: Bonsoir ! Bienvenue à l'hôtel Tournesol. Comment puis-je vous aider ?
Anna: Bonsoir. J'ai réservé une chambre au nom de Müller.
Réceptionniste: Un instant, s'il vous plaît ... Ah, voici votre réservation. Une chambre simple pour deux nuits, c'est bien cela ?
Anna: Oui, tout à fait.
Réceptionniste: Bien, votre chambre est la numéro 15, au premier étage. Voici votre clé. Souhaitez-vous également le mot de passe Wi-Fi ?
Anna: Oui, s'il vous plaît. Ce serait utile.
Réceptionniste: Le mot de passe est « Sonnen2023 ». Le petit-déjeuner est servi de 7h à 10h au restaurant.
Anna: Merci beaucoup. Y a-t-il un ascenseur ?
Réceptionniste: Oui, l'ascenseur est juste à droite de la réception.
Anna: Parfait. Merci pour les informations.

Réceptionniste: Avec plaisir. Je vous souhaite un agréable séjour !

Questions de compréhension

1. Wie lange bleibt Anna im Hotel?

2. Wann wird das Frühstück serviert?

Corrections

1. Anna bleibt zwei Nächte im Hotel.

2. Das Frühstück wird von 7 bis 10 Uhr serviert.

Dialog 8: Beim Friseur

Friseurin: Guten Tag! Was kann ich für Sie tun?
Anna: Guten Tag! Ich möchte meine Haare schneiden lassen.
Friseurin: Natürlich! Wie möchten Sie Ihre Haare haben?
Anna: Nicht zu kurz, vielleicht etwa fünf Zentimeter kürzer.
Friseurin: Verstanden. Möchten Sie auch die Spitzen schneiden lassen?
Anna: Ja, bitte. Und könnten Sie sie ein wenig stylen?
Friseurin: Kein Problem. Möchten Sie Locken oder glattes Haar?
Anna: Glattes Haar, bitte.
(Nach dem Schneiden und Stylen)
Friseurin: Sind Sie zufrieden?
Anna: Ja, es sieht wunderbar aus! Vielen Dank!

Friseurin: Gern geschehen. Das macht 20 Euro.

Anna: Hier bitte. Vielen Dank und einen schönen Tag noch!

Friseurin: Danke, Ihnen auch!

Dialogue 8 : Chez le coiffeur

Coiffeuse: Bonjour ! Que puis-je faire pour vous ?

Anna: Bonjour ! Je voudrais me faire couper les cheveux.

Coiffeuse: Bien sûr ! Comment souhaitez-vous vos cheveux ?

Anna: Pas trop courts, peut-être environ cinq centimètres de moins.

Coiffeuse: Compris. Souhaitez-vous aussi couper les pointes ?

Anna: Oui, s'il vous plaît. Et pourriez-vous aussi les coiffer un peu ?

Coiffeuse: Pas de problème. Voulez-vous des boucles ou des cheveux lisses ?

Anna: Des cheveux lisses, s'il vous plaît.

(Après la coupe et le coiffage)

Coiffeuse: Êtes-vous satisfaite ?

Anna: Oui, ça a l'air magnifique ! Merci beaucoup !

Coiffeuse: Avec plaisir. Cela fait 20 euros.

Anna: Voici. Merci beaucoup et bonne journée !

Coiffeuse: Merci, à vous aussi !

Questions de compréhension

1. Wie viel kürzer möchte Anna ihre Haare haben?

2. Welche Frisur wählt Anna am Ende?

Corrections

1. Anna möchte ihre Haare etwa fünf Zentimeter kürzer haben.

2. Am Ende wählt Anna glattes Haar.

Dialog 9: In der Bibliothek

Bibliothekarin: Guten Tag! Kann ich Ihnen helfen?

Anna: Ja, hallo! Ich suche ein Buch über deutsche Geschichte.

Bibliothekarin: Natürlich. Die Bücher zur Geschichte finden Sie im zweiten Stock, in der Abteilung „Geschichte".

Anna: Vielen Dank! Kann ich das Buch ausleihen, wenn ich es finde?

Bibliothekarin: Ja, haben Sie schon einen Bibliotheksausweis?

Anna: Nein, noch nicht. Wie kann ich einen bekommen?

Bibliothekarin: Sie müssen das Antragsformular an der Information ausfüllen und Ihren Ausweis zeigen. Es dauert nur ein paar Minuten.

Anna: Okay, das mache ich gleich. Vielen Dank!

Bibliothekarin: Gern geschehen. Wenn Sie Fragen haben, lassen Sie es mich wissen.

Dialogue 9 : À la bibliothèque

Bibliothécaire: Bonjour ! Puis-je vous aider ?
Anna: Oui, bonjour ! Je cherche un livre sur l'histoire allemande.
Bibliothécaire: Bien sûr. Les livres d'histoire se trouvent au deuxième étage, dans le département « Histoire ».
Anna: Merci beaucoup ! Puis-je emprunter le livre si je le trouve ?
Bibliothécaire: Oui, avez-vous déjà une carte de bibliothèque ?
Anna: Non, pas encore. Comment puis-je en obtenir une ?
Bibliothécaire: Vous devez remplir le formulaire de demande à l'accueil et montrer votre pièce d'identité. Cela ne prend que quelques minutes.
Anna: D'accord, je vais le faire tout de suite. Merci beaucoup !
Bibliothécaire: Avec plaisir. Si vous avez des questions, faites-le-moi savoir.

Questions de compréhension

1. Was sucht Anna in der Bibliothek?

2. Was braucht Anna, um ein Buch auszuleihen?

Corrections

1. Anna sucht ein Buch über deutsche Geschichte.

2. Anna braucht einen Bibliotheksausweis, um ein Buch auszuleihen.

Dialog 10: Beim Automechaniker

Mechaniker: Guten Tag! Was kann ich für Sie tun?
Anna: Hallo! Mein Auto macht seit gestern ein seltsames Geräusch.
Mechaniker: Verstehe. Können Sie das Geräusch beschreiben?
Anna: Ja, es klingt wie ein Klopfen, besonders wenn ich schnell fahre.
Mechaniker: In Ordnung. Lassen Sie mich das Auto überprüfen. Es dauert etwa 20 Minuten.
Anna: Gut, ich warte hier.
(Nach 20 Minuten)
Mechaniker: Ich habe den Fehler gefunden. Die Bremsbeläge sind abgenutzt und müssen ausgetauscht werden.
Anna: Oh, ist das gefährlich?
Mechaniker: Ja, es wäre besser, die Bremsen so schnell wie möglich zu reparieren.
Anna: Okay, wie lange dauert die Reparatur?
Mechaniker: Ungefähr eine Stunde.
Anna: In Ordnung. Bitte reparieren Sie es.
Mechaniker: Alles klar. Wir kümmern uns darum.

Dialogue 10 : Chez le mécanicien

Mécanicien: Bonjour ! Que puis-je faire pour vous ?
Anna: Bonjour ! Depuis hier, ma voiture fait un bruit étrange.
Mécanicien: Je comprends. Pouvez-vous décrire le bruit ?
Anna: Oui, cela ressemble à un

cliquetis, surtout quand je roule vite.
Mécanicien: D'accord. Laissez-moi vérifier la voiture. Cela prendra environ 20 minutes.
Anna: Très bien, j'attendrai ici.
(20 minutes plus tard)
Mécanicien: J'ai trouvé le problème. Les plaquettes de frein sont usées et doivent être remplacées.
Anna: Oh, est-ce dangereux ?
Mécanicien: Oui, il serait préférable de réparer les freins dès que possible.
Anna: D'accord. Combien de temps durera la réparation ?
Mécanicien: Environ une heure.
Anna: Très bien. Veuillez les réparer, s'il vous plaît.
Mécanicien: Très bien. Nous nous en occupons.

Questions de compréhension

1. Welches Problem hat Annas Auto?

2. Wie lange dauert die Reparatur?

Corrections

1. Annas Auto hat abgenutzte Bremsbeläge, die ausgetauscht werden müssen.

2. Die Reparatur dauert ungefähr eine Stunde.

Partie VI : 200 Phrases utiles dans le cadre des voyages

Cette section rassemble une collection de 200 phrases essentielles en allemand pour vous accompagner lors de vos voyages. Quel que soit le contexte (aéroport, hôtel, restaurant ou visites touristiques), ces phrases vous permettront de communiquer avec aisance et de gérer des situations du quotidien.

1. **Salutations et formules de politesse**

1. Guten Tag! – Bonjour !

2. Guten Morgen! – Bonjour (le matin) !

3. Guten Abend! – Bonsoir !

4. Gute Nacht! – Bonne nuit !

5. Auf Wiedersehen! – Au revoir !

6. Hallo! – Salut !

7. Tschüss! – Bye / Salut (familier) !

8. Entschuldigung! – Excusez-moi !

9. Bitte. – S'il vous plaît.

10. Danke. – Merci.

11. Vielen Dank! – Merci beaucoup !

12. Gern geschehen. – De rien.

13. Wie geht's Ihnen? – Comment allez-vous ?

14. Sehr gut, danke. Und Ihnen? – Très bien, merci. Et vous ?

15. Ich verstehe nicht. – Je ne comprends pas.

2. À l'aéroport

16. Wo ist das Check-in? – Où est l'enregistrement ?

17. Ich habe einen Flug nach Berlin. – J'ai un vol pour Berlin.

18. Wo ist das Gate? – Où est la porte d'embarquement ?

19. Wie lange dauert der Flug? – Combien de temps dure le vol ?

20. Gibt es kostenloses WLAN hier? – Y a-t-il du Wi-Fi gratuit ici ?

21. Wo ist die Gepäckausgabe? – Où est la récupération des bagages ?

22. Mein Gepäck ist verloren gegangen. – Mes bagages ont été perdus.

23. Wo ist der Ausgang? – Où est la sortie ?

24. Wo kann ich ein Taxi nehmen? – Où puis-je prendre un taxi ?

25. Ich brauche Hilfe. – J'ai besoin d'aide.

3. Dans les transports

26. Wo ist der Bahnhof? – Où est la gare ?

27. Gibt es eine U-Bahn hier? – Y a-t-il un métro ici ?

28. Wie viel kostet ein Ticket? – Combien coûte un billet ?

29. Einen Fahrschein für die S-Bahn, bitte. – Un billet pour le tram, s'il vous plaît.

30. Dieser Zug geht nach München? – Ce train va-t-il à Munich ?

31. Wann fährt der nächste Bus? – Quand part le prochain bus ?

32. Kann ich hier aussteigen? – Puis-je descendre ici ?

33. Wie lange dauert die Reise? – Combien de temps dure le trajet ?

34. Wo ist der Busbahnhof? – Où est la gare routière ?

35. Verkehret dieser Bus regelmäßig? – Ce bus circule-t-il régulièrement ?

4. Dans un hôtel

36. Ich habe ein Zimmer reserviert. – J'ai réservé une chambre.

37. Haben Sie freie Zimmer? – Avez-vous des chambres libres ?

38. Ich brauche ein Einzelzimmer / Doppelzimmer. – J'ai besoin d'une chambre simple / double.

39. Gibt es WLAN im Zimmer? – Y a-t-il du Wi-Fi dans la chambre ?

40. Wie spät ist das Frühstück? – À quelle heure est le petit-déjeuner ?

41. Wo ist der Aufzug? – Où est l'ascenseur ?

42. Mein Schlüssel funktioniert nicht. – Ma clé ne fonctionne pas.

43. Das Zimmer ist nicht sauber. – La chambre n'est pas propre.

44. Könnten Sie das bitte reparieren lassen? – Pourriez-vous faire réparer cela ?

45. Kann ich spät auschecken? – Puis-je faire un départ tardif ?

5. Dans un restaurant

46. Ich hätte gern die Speisekarte. – Je voudrais la carte, s'il vous plaît.

47. Was empfehlen Sie? – Que recommandez-vous ?

48. Gibt es vegetarische Gerichte? – Y a-t-il des plats végétariens ?

49. Ich hätte gern ein Bier / Wasser. – Je voudrais une bière / de l'eau.

50. Das Essen war sehr lecker. – Le repas était délicieux.

51. Wo ist die Toilette? – Où sont les toilettes ?

52. Die Rechnung, bitte. – L'addition, s'il vous plaît.

53. Kann ich mit Karte bezahlen? – Puis-je payer par carte ?

54. Gibt es ein Menü des Tages? – Y a-t-il un menu du jour ?

55. Ich bin allergisch gegen… – Je suis allergique à…

6. Questions pratiques

56. Wo kann ich Geld wechseln?
– Où puis-je changer de
l'argent ?

57. Gibt es hier eine Apotheke?
– Y a-t-il une pharmacie ici ?

58. Wo ist der nächste
Supermarkt? – Où est le
supermarché le plus proche
?

59. Wie spät ist es? – Quelle
heure est-il ?

60. Kann ich hier eine SIM-Karte
kaufen? – Puis-je acheter
une carte SIM ici ?

61. Gibt es hier einen
Geldautomaten? – Y a-t-il un
distributeur de billets ici ?

62. Wie lautet die Adresse? –
Quelle est l'adresse ?

63. Können Sie das für mich
übersetzen? – Pouvez-vous
traduire cela pour moi ?

64. Wo kann ich ein Fahrrad
mieten? – Où puis-je louer
un vélo ?

65. Haben Sie eine Karte der
Stadt? – Avez-vous une
carte de la ville ?

7. Demander des directions

66. Wie komme ich zum
Stadtzentrum? – Comment
puis-je aller au centre-ville ?

67. Gibt es einen Wegweiser
hier? – Y a-t-il un panneau
d'indication ici ?

68. Ist es weit von hier? – Est-ce
loin d'ici ?

69. Können Sie mir den Weg
zeigen? – Pouvez-vous me
montrer le chemin ?

70. Geradeaus, rechts oder
links? – Tout droit, à droite ou
à gauche ?

8. Visites touristiques et activités

71. Wo ist das Touristenbüro? –
Où est l'office de tourisme ?

72. Können Sie mir eine
Sehenswürdigkeit
empfehlen? – Pouvez-vous
me recommander un site
touristique ?

73. Gibt es hier Stadtführungen?
– Y a-t-il des visites guidées
ici ?

74. Was kostet der Eintritt? –
Combien coûte l'entrée ?

75. Ist die Führung auf Deutsch
oder Englisch? – La visite
est-elle en allemand ou en
anglais ?

76. Kann ich ein Ticket online
kaufen? – Puis-je acheter un
billet en ligne ?

77. Gibt es hier eine Audioguide? – Y a-t-il un audioguide ici ?

78. Wann schließt das Museum? – À quelle heure ferme le musée ?

79. Kann ich Fotos machen? – Puis-je prendre des photos ?

80. Haben Sie einen Plan des Geländes? – Avez-vous un plan du site ?

9. Faire du shopping

81. Wie viel kostet das? – Combien ça coûte ?

82. Haben Sie das in einer anderen Farbe? – Avez-vous cela dans une autre couleur ?

83. Haben Sie das in meiner Größe? – Avez-vous cela à ma taille ?

84. Kann ich das anprobieren? – Puis-je l'essayer ?

85. Wo ist die Umkleidekabine? – Où est la cabine d'essayage ?

86. Nehmen Sie Kreditkarten? – Acceptez-vous les cartes de crédit ?

87. Haben Sie ein günstigeres Modell? – Avez-vous un modèle moins cher ?

88. Wo kann ich Souvenirs kaufen? – Où puis-je acheter des souvenirs ?

89. Ist das im Angebot? – Est-ce en promotion ?

90. Kann ich eine Quittung bekommen? – Puis-je avoir un reçu ?

10. Urgences

91. Ich habe mich verletzt. – Je me suis blessé(e).

92. Rufen Sie bitte einen Arzt! – Appelez un médecin, s'il vous plaît !

93. Wo ist das nächste Krankenhaus? – Où est l'hôpital le plus proche ?

94. Ich brauche eine Apotheke. – J'ai besoin d'une pharmacie.

95. Rufen Sie die Polizei! – Appelez la police !

96. Ich habe meinen Pass verloren. – J'ai perdu mon passeport.

97. Ich wurde bestohlen. – Je me suis fait voler.

98. Können Sie mir helfen? – Pouvez-vous m'aider ?

99. Gibt es hier eine Notrufnummer? – Y a-t-il un numéro d'urgence ici ?

100. Ich fühle mich nicht gut. – Je ne me sens pas bien.

11. Socialiser

101. Woher kommen Sie? – D'où venez-vous ?

102. Ich komme aus Frankreich. – Je viens de France.

103. Wie lange sind Sie hier? – Depuis combien de temps êtes-vous ici ?

104. Was machen Sie beruflich? – Que faites-vous dans la vie ?

105. Das ist eine schöne Stadt. – C'est une belle ville.

106. Wie heißt du? – Comment t'appelles-tu ?

107. Ich heiße Anna. – Je m'appelle Anna.

108. Schön, Sie kennenzulernen. – Enchanté(e) de vous rencontrer.

109. Möchten wir ein Foto machen? – Voulons-nous prendre une photo ?

110. Viel Spaß! – Amusez-vous bien !

12. Demander de l'aide

111. Können Sie mir helfen? – Pouvez-vous m'aider ?

112. Gibt es hier jemanden, der Englisch spricht? – Y a-t-il quelqu'un ici qui parle anglais ?

113. Können Sie das langsamer sagen? – Pouvez-vous dire cela plus lentement ?

114. Können Sie das wiederholen? – Pouvez-vous répéter cela ?

115. Wie sagt man das auf Deutsch? – Comment dit-on cela en allemand ?

116. Was bedeutet dieses Wort? – Que signifie ce mot ?

117. Können Sie mir das aufschreiben? – Pouvez-vous me l'écrire ?

118. Ich habe mich verlaufen. – Je me suis perdu(e).

119. Ich suche meinen Freund / meine Freundin. – Je cherche mon ami(e).

120. Wo ist der Informationsstand? – Où est le point d'information ?

13. Au téléphone

121. Kann ich Ihr Telefon benutzen? – Puis-je utiliser votre téléphone ?

122. Wie ist die Vorwahl für Deutschland? – Quel est l'indicatif pour l'Allemagne ?

123. Ich muss einen Anruf tätigen. – Je dois passer un appel.

124. Können Sie mich zurückrufen? – Pouvez-vous me rappeler ?

125. Die Leitung ist besetzt. – La ligne est occupée.

126. Können Sie mir die Nummer aufschreiben? – Pouvez-vous m'écrire le numéro ?

127. Ich habe kein Netz. – Je n'ai pas de réseau.

128. Können wir einen Videoanruf machen? – Pouvons-nous passer un appel vidéo ?

129. Die Verbindung ist schlecht. – La connexion est mauvaise.

130. Vielen Dank fürs Anrufen! – Merci pour l'appel !

14. À la douane et aux frontières

131. Wo ist die Passkontrolle? – Où est le contrôle des passeports ?

132. Hier ist mein Pass. – Voici mon passeport.

133. Möchten Sie meine Bordkarte sehen? – Voulez-vous voir ma carte d'embarquement ?

134. Haben Sie etwas zu verzollen? – Avez-vous quelque chose à déclarer ?

135. Ich habe nichts zu verzollen. – Je n'ai rien à déclarer.

136. Was ist in Ihrem Gepäck? – Qu'y a-t-il dans vos bagages ?

137. Kann ich hier steuerfrei einkaufen? – Puis-je acheter en duty-free ici ?

138. Wie lange bleiben Sie in Deutschland? – Combien de temps restez-vous en Allemagne ?

139. Ich reise zu touristischen Zwecken. – Je voyage pour le tourisme.

140. Wo ist der Ausgang „Nichts zu verzollen"? – Où est la sortie « Rien à déclarer » ?

15. À la banque et pour les paiements

141. Kann ich hier Geld abheben? – Puis-je retirer de l'argent ici ?

142. Wo ist der nächste Geldautomat? – Où est le distributeur le plus proche ?

143. Ich möchte Geld wechseln. – Je voudrais changer de l'argent.

144. Wie ist der aktuelle Wechselkurs? – Quel est le taux de change actuel ?

145. Kann ich mit Kreditkarte zahlen? – Puis-je payer par carte de crédit ?

146. Wird hier Bargeld akzeptiert? – Acceptez-vous les paiements en espèces ici ?

147. Haben Sie kleinere Scheine? – Avez-vous de plus petites coupures ?

148. Gibt es hier eine Bank? – Y a-t-il une banque ici ?

149. Mein Konto wurde gesperrt. – Mon compte a été bloqué.

150. Können Sie mir einen Kontoauszug geben? – Pouvez-vous me donner un relevé de compte ?

16. Louer une voiture

151. Wo kann ich ein Auto mieten? – Où puis-je louer une voiture ?

152. Welche Dokumente brauche ich? – Quels documents ai-je besoin ?

153. Wie viel kostet es pro Tag? – Combien cela coûte-t-il par jour ?

154. Gibt es eine Versicherung? – Y a-t-il une assurance ?

155. Kann ich das Auto jetzt abholen? – Puis-je récupérer la voiture maintenant ?

156. Wo gebe ich das Auto zurück? – Où puis-je rendre la voiture ?

157. Wie viel Benzin muss im Tank sein? – Combien d'essence doit-il rester dans le réservoir ?

158. Gibt es eine Kilometerbegrenzung? – Y a-t-il une limite de kilomètres ?

159. Ich hätte gerne ein Auto mit Automatikgetriebe. – Je voudrais une voiture avec transmission automatique.

160. Das Auto hat ein Problem. – La voiture a un problème.

17. En cas de perte

161. Ich habe meinen Reisepass verloren. – J'ai perdu mon passeport.

162. Wo ist das Fundbüro? – Où se trouve le bureau des objets trouvés ?

163. Ich habe meinen Geldbeutel verloren. – J'ai perdu mon portefeuille.

164. Können Sie mir helfen, ihn zu finden? – Pouvez-vous m'aider à le retrouver ?

165. Was soll ich jetzt tun? – Que dois-je faire maintenant ?

166. Können Sie die Polizei rufen? – Pouvez-vous appeler la police ?

167. Ich habe mein Handy verloren. – J'ai perdu mon téléphone.

168. Es wurde gestohlen. – On me l'a volé.

169. Können Sie einen Bericht ausfüllen? – Pouvez-vous remplir un rapport ?

170. Ich brauche die Adresse der Botschaft. – J'ai besoin de l'adresse de l'ambassade.

18. Pour demander les horaires

171. Wann öffnet das Geschäft? – À quelle heure le magasin ouvre-t-il ?

172. Wann schließt das Geschäft? – À quelle heure le magasin ferme-t-il ?

173. Wann beginnt die Veranstaltung? – Quand commence l'événement ?

174. Wie lange dauert das? – Combien de temps cela dure-t-il ?

175. Gibt es eine Mittagspause? – Y a-t-il une pause déjeuner ?

176. Welche Tage ist es geschlossen? – Quels jours est-ce fermé ?

177. Um wie viel Uhr fährt der letzte Bus? – À quelle heure part le dernier bus ?

178. Wann kommt der nächste Zug an? – Quand arrive le prochain train ?

179. Können Sie mir den Fahrplan zeigen? – Pouvez-vous me montrer l'horaire ?

180. Ist es heute geöffnet? – Est-ce ouvert aujourd'hui ?

19. Pour des informations locales

181. Wo ist der beste Strand? – Où se trouve la meilleure plage ?

182. Gibt es hier gute Restaurants? – Y a-t-il de bons restaurants ici ?

183. Wo kann ich lokales Essen probieren? – Où puis-je goûter des plats locaux ?

184. Wo befindet sich der Wochenmarkt? – Où se

trouve le marché hebdomadaire ?

185. Gibt es hier ein Einkaufszentrum? – Y a-t-il un centre commercial ici ?

186. Wo ist der schönste Aussichtspunkt? – Où est le plus beau point de vue ?

187. Kann ich hier Fahrräder mieten? – Puis-je louer des vélos ici ?

188. Gibt es eine Fähre zu den Inseln? – Y a-t-il un ferry pour les îles ?

189. Was ist eine typische Spezialität hier? – Quelle est une spécialité typique ici ?

190. Können Sie mir ein gutes Café empfehlen? – Pouvez-vous me recommander un bon café ?

20. Expressions d'urgence et de sécurité

191. Wo ist der Notausgang? – Où est la sortie de secours ?

192. Bitte rufen Sie die Feuerwehr! – Appelez les pompiers, s'il vous plaît !

193. Gibt es Sicherheitsanweisungen? – Y a-t-il des consignes de sécurité ?

194. Ich habe meinen Flug verpasst. – J'ai raté mon vol.

195. Ich brauche dringend einen Arzt. – J'ai besoin d'un médecin en urgence.

196. Gibt es hier eine Polizeistation? – Y a-t-il un poste de police ici ?

197. Wo ist die nächste Tankstelle? – Où est la station-service la plus proche ?

198. Mein Hotelzimmer wurde aufgebrochen. – Ma chambre d'hôtel a été cambriolée.

199. Kann ich mich hier sicher fühlen? – Puis-je me sentir en sécurité ici ?

200. Ich brauche Hilfe, bitte! – J'ai besoin d'aide, s'il vous plaît !

Partie VII : 200 expressions courantes dans le monde professionnel

Cette partie est dédiée aux expressions allemandes essentielles pour évoluer dans un environnement professionnel.

1. Salutations et introductions

1. Guten Morgen! – Bonjour (le matin) !

2. Guten Tag! – Bonjour !

3. Guten Abend! – Bonsoir !

4. Wie geht es Ihnen? – Comment allez-vous ?

5. Freut mich, Sie kennenzulernen. – Ravi(e) de vous rencontrer.

6. Darf ich mich vorstellen? – Puis-je me présenter ?

7. Mein Name ist… – Mon nom est…

8. Ich arbeite bei… – Je travaille chez…

9. Ich bin für… verantwortlich. – Je suis responsable de…

10. Vielen Dank, dass Sie sich Zeit genommen haben. – Merci d'avoir pris le temps.

2. Phrases pour les réunions

11. Könnten wir das Meeting beginnen? – Pourrions-nous commencer la réunion ?

12. Der Zweck des heutigen Meetings ist… – L'objectif de la réunion d'aujourd'hui est…

13. Gibt es noch Fragen? – Y a-t-il encore des questions ?

14. Könnten Sie das bitte genauer erklären? – Pourriez-vous expliquer cela plus en détail ?

15. Ich stimme Ihnen zu. – Je suis d'accord avec vous.

16. Ich bin anderer Meinung. – Je ne suis pas du même avis.

17. Was denken Sie darüber? – Qu'en pensez-vous ?

18. Können wir zum nächsten Punkt übergehen? – Pouvons-nous passer au point suivant ?

19. Wir sollten einen Zeitplan erstellen. – Nous devrions établir un calendrier.

20. Vielen Dank für Ihre Beiträge. – Merci pour vos contributions.

3. Expressions pour les présentations

21. Willkommen zu meiner Präsentation. – Bienvenue à ma présentation.

22. Heute werde ich über... sprechen. – Aujourd'hui, je vais parler de...

23. Lassen Sie mich mit einer kurzen Einführung beginnen. – Permettez-moi de commencer par une courte introduction.

24. Wie Sie auf dieser Folie sehen können... – Comme vous pouvez le voir sur cette diapositive...

25. Ein Beispiel hierfür ist... – Un exemple pour cela est...

26. Haben Sie dazu Fragen? – Avez-vous des questions à ce sujet ?

27. Lassen Sie uns das Fazit zusammenfassen. – Résumons les conclusions.

28. Das war alles für heute. – C'est tout pour aujourd'hui.

29. Vielen Dank für Ihre Aufmerksamkeit. – Merci pour votre attention.

30. Wenn Sie weitere Fragen haben, können Sie mich jederzeit kontaktieren. – Si vous avez d'autres questions, vous pouvez me contacter à tout moment.

4. Appels téléphoniques

31. Guten Tag, hier spricht... – Bonjour, ici... (nom de la personne).

32. Kann ich bitte mit Herrn / Frau... sprechen? – Puis-je parler à Monsieur / Madame... ?

33. Es tut mir leid, er/sie ist gerade nicht da. – Je suis désolé(e), il/elle n'est pas disponible en ce moment.

34. Kann ich ihm/ihr etwas ausrichten? – Puis-je lui laisser un message ?

35. Wann wäre ein passender Zeitpunkt, um zurückzurufen? – Quand serait un bon moment pour rappeler ?

36. Ich rufe an, um... zu besprechen. – J'appelle pour discuter de...

37. Könnten Sie das bitte wiederholen? – Pourriez-vous répéter cela, s'il vous plaît ?

38. Lassen Sie mich das kurz notieren. – Laissez-moi noter cela rapidement.

39. Vielen Dank für Ihren Anruf. Auf Wiederhören! – Merci pour votre appel. Au revoir !

40. Entschuldigen Sie, die Verbindung ist schlecht. – Excusez-moi, la connexion est mauvaise.

5. Phrases pour les e-mails

41. Sehr geehrte Damen und Herren, – Mesdames, Messieurs, (formule de politesse générale).

42. Sehr geehrter Herr…, / Sehr geehrte Frau… – Monsieur…, / Madame… (formule personnalisée).

43. Ich hoffe, es geht Ihnen gut. – J'espère que vous allez bien.

44. Vielen Dank für Ihre E-Mail. – Merci pour votre e-mail.

45. Anbei finden Sie… – Veuillez trouver ci-joint…

46. Könnten Sie mir bitte weitere Informationen zu… senden? – Pourriez-vous m'envoyer plus d'informations sur… ?

47. Bitte lassen Sie mich wissen, falls Sie Fragen haben. – Faites-moi savoir si vous avez des questions.

48. Ich freue mich auf Ihre Rückmeldung. – J'attends avec impatience votre retour.

49. Mit freundlichen Grüßen – Cordialement, (formule de clôture formelle).

50. Beste Grüße – Meilleures salutations, (formule plus informelle).

6. Coopération et projets

51. Können wir an diesem Projekt zusammenarbeiten? – Pouvons-nous collaborer sur ce projet ?

52. Ich arbeite gerade an… – Je travaille actuellement sur…

53. Wir haben eine Deadline am… – Nous avons une échéance le…

54. Können wir ein Team-Meeting organisieren? – Pouvons-nous organiser une réunion d'équipe ?

55. Das Ziel dieses Projekts ist… – L'objectif de ce projet est…

56. Wie ist der Stand der Dinge? – Où en sommes-nous ?

57. Haben Sie die notwendigen Dokumente erhalten? –

Avez-vous reçu les documents nécessaires ?

58. Können wir das nochmals prüfen? – Pouvons-nous vérifier cela à nouveau ?

59. Ich melde mich später bei Ihnen mit weiteren Informationen. – Je vous contacterai plus tard avec plus d'informations.

60. Vielen Dank für die gute Zusammenarbeit. – Merci pour cette excellente collaboration.

7. Négociations ou prises de décisions

61. Wir müssen das Budget besprechen. – Nous devons discuter du budget.

62. Ich denke, wir sollten das Angebot annehmen. – Je pense que nous devrions accepter l'offre.

63. Gibt es Alternativen? – Y a-t-il des alternatives ?

64. Wir sollten die Vor- und Nachteile abwägen. – Nous devrions peser les avantages et les inconvénients.

65. Können Sie uns einen Rabatt gewähren? –

Pouvez-vous nous accorder une remise ?

66. Das ist ein fairer Vorschlag. – C'est une proposition équitable.

67. Können wir einen Kompromiss finden? – Pouvons-nous trouver un compromis ?

68. Ich werde das mit meinem Vorgesetzten besprechen. – Je vais en parler avec mon supérieur.

69. Lassen Sie uns die Entscheidung bis morgen vertagen. – Reportons la décision à demain.

70. Vielen Dank für Ihre Flexibilität. – Merci pour votre flexibilité.

8. Interactions interculturelles

71. Woher kommen Sie? – D'où venez-vous ?

72. In welchem Bereich arbeiten Sie? – Dans quel domaine travaillez-vous ?

73. Haben Sie schon einmal in Deutschland gearbeitet? – Avez-vous déjà travaillé en Allemagne ?

74. Gibt es kulturelle Unterschiede in Ihrer Arbeit? – Y a-t-il des différences

culturelles dans votre travail ?

75. Können Sie uns etwas über Ihre Erfahrung erzählen? – Pouvez-vous nous parler de votre expérience ?

76. Ich freue mich darauf, mit Ihnen zusammenzuarbeiten. – Je suis ravi(e) de travailler avec vous.

77. Haben Sie Fragen zu unseren Unternehmenswerten? – Avez-vous des questions sur nos valeurs d'entreprise ?

78. Was ist Ihnen in der Zusammenarbeit wichtig? – Qu'est-ce qui est important pour vous dans la collaboration ?

79. Wie können wir Ihnen helfen, sich anzupassen? – Comment pouvons-nous vous aider à vous adapter ?

80. Vielen Dank für Ihre Offenheit. – Merci pour votre ouverture d'esprit.

9. Entretien d'embauche

81. Können Sie mir etwas über sich selbst erzählen? – Pouvez-vous me parler un peu de vous ?

82. Warum möchten Sie für unser Unternehmen arbeiten? – Pourquoi voulez-vous travailler pour notre entreprise ?

83. Welche Erfahrungen bringen Sie mit? – Quelles expériences apportez-vous ?

84. Was sind Ihre Stärken und Schwächen? – Quels sont vos points forts et vos faiblesses ?

85. Wie gehen Sie mit Stress um? – Comment gérez-vous le stress ?

86. Wo sehen Sie sich in fünf Jahren? – Où vous voyez-vous dans cinq ans ?

87. Was motiviert Sie? – Qu'est-ce qui vous motive ?

88. Haben Sie an Projekten im Team gearbeitet? – Avez-vous travaillé sur des projets en équipe ?

89. Haben Sie Fragen zum Arbeitsplatz? – Avez-vous des questions concernant le poste ?

90. Danke, dass Sie sich die Zeit genommen haben. – Merci d'avoir pris le temps.

10. Gestion de projets

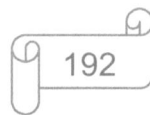

91. Wir müssen eine Deadline setzen. – Nous devons fixer une date limite.

92. Ist das Budget ausreichend? – Le budget est-il suffisant ?

93. Wann können wir mit der Umsetzung beginnen? – Quand pouvons-nous commencer la mise en œuvre ?

94. Wer ist für diesen Teil des Projekts verantwortlich? – Qui est responsable de cette partie du projet ?

95. Können Sie die Prioritäten festlegen? – Pouvez-vous établir les priorités ?

96. Haben Sie die Fortschritte überprüft? – Avez-vous vérifié les progrès ?

97. Gibt es Hindernisse? – Y a-t-il des obstacles ?

98. Wir müssen einen Meilenstein erreichen. – Nous devons atteindre une étape clé.

99. Können wir Zusätzliche Ressourcen bekommen? – Pouvons-nous obtenir des ressources supplémentaires ?

100. Das Projekt ist im Zeitplan. – Le projet est dans les délais.

11. Gestion de conflits

101. Können wir das Problem besprechen? – Pouvons-nous discuter du problème ?

102. Was ist Ihre Sichtweise? – Quelle est votre point de vue ?

103. Wie können wir das lösen? – Comment pouvons-nous résoudre cela ?

104. Lassen Sie uns nach einer gemeinsamen Lösung suchen. – Cherchons une solution commune.

105. Es tut mir leid, wenn es Missverständnisse gab. – Je suis désolé(e) s'il y a eu des malentendus.

106. Können wir das Gespräch in Ruhe führen? – Pouvons-nous avoir cette conversation calmement ?

107. Was können wir zukünftig anders machen? – Qu'est-ce que nous pouvons faire différemment à l'avenir ?

108. Lassen Sie uns ruhig bleiben. – Restons calmes.

109. Könnten Sie Ihre Vorschläge erläutern? – Pourriez-vous expliquer vos suggestions ?

110. Vielen Dank für Ihre Kooperation. – Merci pour votre coopération.

12. Interactions au bureau

111. Können Sie mir bei der Aufgabe helfen? – Pouvez-vous m'aider avec cette tâche ?

112. Ich brauche mehr Informationen dazu. – J'ai besoin de plus d'informations à ce sujet.

113. Wo finde ich die Unterlagen? – Où puis-je trouver les documents ?

114. Können wir das gemeinsam machen? – Pouvons-nous faire cela ensemble ?

115. Haben Sie die Datei geschickt? – Avez-vous envoyé le fichier ?

116. Könnten Sie das bitte überprüfen? – Pourriez-vous vérifier cela, s'il vous plaît ?

117. Das ist nicht mein Zuständigkeitsbereich. – Ce n'est pas de mon ressort.

118. Ich werde das so schnell wie möglich erledigen. – Je vais m'en occuper dès que possible.

119. Wo ist der Kopierer? – Où est la photocopieuse ?

120. Möchten Sie einen Kaffee? – Voulez-vous un café ?

13. Négociations et accords

121. Können wir die Bedingungen besprechen? – Pouvons-nous discuter des conditions ?

122. Das ist ein akzeptables Angebot. – C'est une offre acceptable.

123. Wir müssen die Preise anpassen. – Nous devons ajuster les prix.

124. Können Sie uns eine Fristverlängerung gewähren? – Pouvez-vous nous accorder un délai supplémentaire ?

125. Wie flexibel sind Sie in diesem Punkt? – Êtes-vous flexible sur ce point ?

126. Wir haben uns auf diesen Plan geeinigt. – Nous nous sommes mis d'accord sur ce plan.

127. Ich bin bereit, einen Kompromiss einzugehen. – Je suis prêt(e) à faire un compromis.

128. Können wir das schriftlich bestätigen? – Pouvons-nous confirmer cela par écrit ?

129. Vielen Dank für das Vertrauen. – Merci pour votre confiance.

130. Wir freuen uns auf die Zusammenarbeit. – Nous nous réjouissons de travailler ensemble.

14. E-mails avancés et formules professionnelles

131. Ich wollte nachfragen, ob… – Je voulais vérifier si…

132. Ich hoffe auf eine baldige Antwort. – J'espère une réponse rapide.

133. Könnten Sie das für mich arrangieren? – Pourriez-vous arranger cela pour moi ?

134. Lassen Sie mich wissen, ob das möglich ist. – Faites-moi savoir si c'est possible.

135. Entschuldigen Sie die verspätete Antwort. – Je m'excuse pour la réponse tardive.

136. Danke für Ihre Geduld. – Merci pour votre patience.

137. Können wir einen neuen Termin vereinbaren? – Pouvons-nous fixer un nouveau rendez-vous ?

138. Anbei sende ich Ihnen die gewünschten Informationen.

– Ci-joint, je vous envoie les informations demandées.

139. Ich stehe Ihnen gerne zur Verfügung. – Je reste à votre disposition.

140. Bitte bestätigen Sie den Empfang dieser Nachricht. – Veuillez confirmer la réception de ce message.

15. Contexte international et voyages d'affaires

141. Wann ist der nächste Flug nach Frankfurt? – Quand est le prochain vol pour Francfort ?

142. Können Sie ein Hotel für mich buchen? – Pouvez-vous réserver un hôtel pour moi ?

143. Gibt es eine Konferenzübersetzung? – Y a-t-il une traduction pour la conférence ?

144. Kann ich ein Taxi zum Flughafen bestellen? – Puis-je commander un taxi pour l'aéroport ?

145. Ich werde das Morgenmeeting online machen. – Je ferai la réunion de demain en ligne.

146. Haben Sie Visitenkarten dabei? – Avez-vous des cartes de visite ?

147. Wo findet die Veranstaltung statt? – Où se déroule l'événement ?

148. Wie ist das Programm für heute? – Quel est le programme pour aujourd'hui ?

149. Haben Sie meine Flugtickets erhalten? – Avez-vous reçu mes billets d'avion ?

150. Vielen Dank für die Einladung. – Merci pour l'invitation.

16. Phrases pour conclure et motiver une équipe

151. Tolles Ergebnis! – Excellent résultat !

152. Vielen Dank für Ihren Einsatz. – Merci pour votre engagement.

153. Wir haben einen hervorragenden Fortschritt gemacht. – Nous avons fait d'excellents progrès.

154. Lass uns das nächste Ziel erreichen. – Atteignons le prochain objectif.

155. Gute Arbeit, weiter so! – Bon travail, continuez comme ça !

156. Ich bin stolz auf unser Team. – Je suis fier/fière de notre équipe.

157. Haben Sie Fragen oder Feedback? – Avez-vous des questions ou des commentaires ?

158. Gemeinsam schaffen wir das. – Ensemble, nous y arriverons.

159. Lassen Sie mich wissen, wie ich helfen kann. – Faites-moi savoir comment je peux aider.

160. Wir sind auf einem guten Weg. – Nous sommes sur la bonne voie.

17. Travail à distance

161. Können wir das Meeting per Videokonferenz machen? – Pouvons-nous faire la réunion en visioconférence ?

162. Das Mikrofon ist stummgeschaltet. – Le micro est coupé.

163. Können Sie die Kamera einschalten? – Pouvez-vous allumer la caméra ?

164. Können Sie den Bildschirm teilen? – Pouvez-vous partager votre écran ?

165. Die Verbindung ist unterbrochen. – La connexion est interrompue.

166. Ich werde die Datei im Chat senden. – Je vais envoyer le fichier dans le chat.

167. Wann passt es Ihnen, online zu sprechen? – Quand êtes-vous disponible pour parler en ligne ?

168. Bitte schreiben Sie Ihre Fragen in den Chat. – Veuillez écrire vos questions dans le chat.

169. Können wir ein Protokoll der Videokonferenz erstellen? – Pouvons-nous rédiger un compte-rendu de la visioconférence ?

170. Vielen Dank, dass Sie sich online zugeschaltet haben. – Merci de vous être connectés en ligne.

18. Réseautage et relations professionnelles

171. Dürfte ich Ihre Visitenkarte haben? – Puis-je avoir votre carte de visite ?

172. Wie sind Ihre Kontaktdaten? – Quelles sont vos coordonnées ?

173. Können wir ein Meeting vereinbaren? – Pouvons-nous organiser une réunion ?

174. Es war ein Vergnügen, mit Ihnen zu sprechen. – Ce fut un plaisir de parler avec vous.

175. Könnten wir nächste Woche in Kontakt bleiben? – Pourrions-nous rester en contact la semaine prochaine ?

176. Ich werde Sie per E-Mail kontaktieren. – Je vous contacterai par e-mail.

177. Haben Sie Interesse an einer Zusammenarbeit? – Êtes-vous intéressé(e) par une collaboration ?

178. Vielen Dank für das Gespräch. – Merci pour cette discussion.

179. Welche Dienstleistungen bieten Sie an? – Quels services proposez-vous ?

180. Ich würde gerne mehr über Ihre Firma erfahren. – J'aimerais en savoir plus sur votre entreprise.

19. Formations et apprentissages

181. Gibt es Schulungen zu diesem Thema? – Y a-t-il des formations sur ce sujet ?

182. Wo kann ich mehr Informationen finden? – Où puis-je trouver plus d'informations ?

183. Wann findet das Seminar statt? – Quand le séminaire a-t-il lieu ?

184. Wie lange dauert die Schulung? – Combien de temps dure la formation ?

185. Gibt es Schulungsunterlagen? – Y a-t-il des supports de formation ?

186. Wer ist der Ansprechpartner für Fragen? – Qui est la personne de contact pour les questions ?

187. Kann ich an dem Workshop teilnehmen? – Puis-je participer à l'atelier ?

188. Was ist das Ziel der Schulung? – Quel est l'objectif de la formation ?

189. Gibt es ein Teilnahmezertifikat? – Y a-t-il un certificat de participation ?

190. Vielen Dank für diese lehrreiche Schulung. – Merci pour cette formation enrichissante.

20. Planification et gestion d'agenda

191. Können wir einen Termin vereinbaren? – Pouvons-nous fixer un rendez-vous ?

192. Wann wären Sie verfügbar? – Quand seriez-vous disponible ?

193. Passt Ihnen Dienstag um 10 Uhr? – Le mardi à 10h vous convient-il ?

194. Ich muss den Termin verschieben. – Je dois déplacer le rendez-vous.

195. Können wir den Termin auf später verschieben? – Pouvons-nous décaler le rendez-vous à plus tard ?

196. Der Termin wurde bestätigt. – Le rendez-vous a été confirmé.

197. Lassen Sie uns die nächste Woche planen. – Planifions la semaine prochaine.

198. Ich schicke Ihnen eine Einladung per E-Mail. – Je vous envoie une invitation par e-mail.

199. Der Kalender ist voll. – L'agenda est complet.

200. Vielen Dank, dass Sie so flexibel sind. – Merci pour votre flexibilité.

Partie VIII : Test d'Évaluation Globale

Bienvenue dans le **Test d'Évaluation Globale**, conçu pour évaluer votre progression après avoir étudié l'ensemble des leçons de ce livre. Ce test comprend des exercices progressifs couvrant la compréhension écrite, le vocabulaire, la grammaire, la prononciation et la mise en situation pratique. Prenez votre temps et essayez de répondre à toutes les questions. Bonne chance !

Partie 1 : Compréhension écrite

Texte à lire :

Lies den folgenden Text und beantworte die Fragen.
Max ist ein kleiner Hund, der in München lebt. Jeden Morgen geht er mit Anna, seinem Frauchen, im Park spazieren. Max liebt es, die Enten im Teich zu beobachten. Eines Tages verliert Anna ihren Schlüssel im Park. Max schnüffelt und findet ihn unter einer Bank. Anna ist sehr froh und lobt Max. Am Abend erzählt sie ihrer Familie, wie schlau Max ist.*

Questions :

1. Wo lebt Max? (Où habite Max ?)

2. Was macht Max gern im Park? (Qu'aime faire Max au parc ?)

3. Was verliert Anna im Park? (Que perd Anna au parc ?)

4. Wo findet Max den Schlüssel? (Où Max trouve-t-il la clé ?)

5. Wie reagiert Anna? (Comment réagit Anna ?)

Corrections :

1. Max lebt in München.

2. Max beobachtet gern die Enten im Teich.

3. Anna verliert im Park ihren Schlüssel.

4. Max findet den Schlüssel unter einer Bank.

5. Anna ist sehr froh und lobt Max.

Partie 2 : Vocabulaire et expressions courantes

A. Traduction

Traduisez ces phrases du français vers l'allemand.

1. Où est la gare ?
2. Je voudrais un café, s'il vous plaît.
3. Merci beaucoup pour votre aide.
4. Puis-je parler à Monsieur Müller ?
5. Pouvez-vous m'aider à trouver un hôtel ?

Corrections :

1. Wo ist der Bahnhof?
2. Ich hätte gerne einen Kaffee, bitte.
3. Vielen Dank für Ihre Hilfe.
4. Kann ich bitte mit Herrn Müller sprechen?
5. Können Sie mir helfen, ein Hotel zu finden?

B. Complétez les phrases avec l'expression correcte

1. ___ Morgen komme ich um 8 Uhr ins Büro. (Guten / Gute / Gut)
2. Können Sie mir bitte _____ zeigen? (den Weg / der Weg / das Weg)
3. Danke für Ihre _____! (Hilfe / Hilfen / Hilfst)
4. Ich brauche eine _____ Fahrkarte. (einfach / einfaches / einfache)
5. Es war ein _____ Tag! Vielen Dank! (schöner / schön / schönen)

Corrections :

1. Guten
2. den Weg
3. Hilfe
4. einfache
5. schöner

Partie 3 : Grammaire et conjugaison

A. Conjuguez les verbes au présent

1. Ich _____ (kommen) aus Frankreich.
2. Max _____ (spielen) gern im Garten.
3. Ihr _____ (arbeiten) bei einer großen Firma.

4. Anna und Lukas _____ (fahren) morgen nach Berlin.

5. Wir _____ (müssen) das Projekt bis Freitag fertigstellen.

Corrections :

1. komme

2. spielt

3. arbeitet

4. fahren

5. müssen

B. Mettez les phrases au passé composé

1. Ich esse eine Pizza.

2. Anna verliert ihren Schlüssel.

3. Wir gehen ins Kino.

4. Er schreibt einen Brief.

5. Sie kaufen ein Auto.

Corrections :

1. Ich habe eine Pizza gegessen.

2. Anna hat ihren Schlüssel verloren.

3. Wir sind ins Kino gegangen.

4. Er hat einen Brief geschrieben.

5. Sie haben ein Auto gekauft.

Partie 4 : Prononciation et phonétique

Exercice : Lisez les mots suivants à voix haute en respectant la prononciation allemande. Comparez-vous avec un locuteur natif (utilisez une application ou un audio en ligne).

1. Bahnhof

2. Schlüssel

3. Entschuldigung

4. Autobahn

5. Frühstück

Conseils de correction :

- **Bahnhof** : prononcez [ˈbaːnˌhoːf] (attention au « a » long).

- **Schlüssel** : prononcez [ˈʃlʏsəl] (le « ü » arrondi).

- **Entschuldigung** : prononcez [ɛntˈʃʊldɪɡʊŋ] (le « sch » comme « ch » en français).

- **Autobahn** : prononcez [ˈaʊtoˌbaːn] (la diphtongue « au »).

- **Frühstück** : prononcez [ˈfʁyːˌʃtʏk] (« ü » arrondi).

Partie 5 : Mise en situation pratique

Situation 1 : À l'hôtel

Complétez les phrases suivantes avec le mot approprié.

1. Guten Tag! Ich habe ein Zimmer _____. (reserviert / reservieren)

2. Wie viel kostet eine _____ Nacht? (Einzel / einzelne / einzelne)

3. Gibt es _____ Passwort für das WLAN? (ein / eine / einen)

4. Kann ich _____ später auschecken? (bitte / verspätet / spät)

5. ___ Frühstück wird um 7 Uhr serviert. (Das / Der / Die)

Corrections :

1. reserviert

2. einzelne

3. ein

4. bitte

5. Das

Situation 2 : Au restaurant

Traduisez cette conversation simple.

1. Serveur : Bonjour, que voulez-vous manger ?

2. Client : Je voudrais une soupe et un sandwich, s'il vous plaît.

3. Serveur : Et à boire ?

4. Client : Un verre d'eau, merci.

5. Serveur : Bon appétit !

Correction :

1. Kellner: Guten Tag, was möchten Sie essen?

2. Gast: Ich hätte gerne eine Suppe und ein Sandwich, bitte.

3. Kellner: Und etwas zu trinken?

4. Gast: Ein Glas Wasser, danke.

5. Kellner: Guten Appetit!

Score final et conseils

- **1 à 10 bonnes réponses:** Revoir les premières leçons pour consolider vos bases.

- **11 à 20 bonnes réponses:** Bonne

progression, continuez à pratiquer régulièrement !

- **21 à 30 bonnes réponses:** Excellente maîtrise des fondamentaux, vous êtes prêt(e) à converser en allemand dans de nombreuses situations.

Félicitations pour avoir terminé ce test d'évaluation globale ! Continuez à pratiquer en utilisant les phrases, exercices et dialogues de ce livre pour affiner votre niveau en allemand. Viel Erfolg!

Conclusion

Félicitations ! Vous avez terminé ce parcours d'apprentissage structuré de l'allemand, couvrant des bases solides jusqu'à des compétences avancées pour évoluer dans diverses situations personnelles et professionnelles. Ce livre a été conçu pour vous guider de manière progressive, à travers des notions essentielles de grammaire, de vocabulaire, de prononciation et de communication pratique.

En explorant les dialogues, les histoires et les expressions utiles, vous avez enrichi votre compréhension de la langue allemande tout en développant vos capacités à lire, écrire et dialoguer. Grâce au test d'évaluation finale, vous avez pu valider vos acquis et identifier les domaines à approfondir.

N'oubliez pas que l'apprentissage d'une langue est un effort continu. Pratiquez régulièrement, lisez en allemand, écoutez des podcasts ou des chansons, et engagez des conversations avec des locuteurs natifs pour renforcer vos compétences. Chaque effort vous rapproche de la maîtrise.

L'allemand est une langue riche de culture, d'opportunités professionnelles et de découvertes personnelles. En continuant à explorer cette langue avec curiosité et persévérance, de nombreuses portes s'ouvriront pour vous.

Viel Erfolg auf Ihrem Weg! (Beaucoup de succès sur votre chemin !)

Mots de remerciement :

Un Grand Merci !

Merci d'avoir choisi ce livre pour votre apprentissage de l'allemand. J'espère qu'il vous a été utile et agréable.

Votre avis est précieux : en laissant un commentaire, vous contribuez à faire connaître cet ouvrage et à encourager mon travail. Partagez votre expérience, vos progrès et vos suggestions – cela m'aidera à améliorer mes prochains livres.

Bonne continuation dans votre apprentissage !